ANTONIO AZORÍN

COLECCIÓN FUNDADA POR
DON ANTONIO RODRÍGUEZ-MOÑINO

DIRECTOR
DON ALONSO ZAMORA VICENTE

JOSÉ MARTÍNEZ RUIZ

Azorín

ANTONIO AZORÍN

Edición,
introducción y notas
de
E. INMAN FOX

EDICIÓN REVISADA
Y PUESTA AL DÍA

clásicos *castalia*

Copyright © Editorial Castalia, S. A., 1992
Zurbano, 39 - 28010 Madrid - Tel. 319 89 40

Cubierta de Víctor Sanz

Impreso en España - Printed in Spain
Unigraf, S. A. Móstoles (Madrid)

I.S.B.N.: 84-7039-654-4
Depósito Legal: M. 29.320-1992

SUMARIO

INTRODUCCIÓN *

ANTONIO AZORÍN es un libro que presenta dificultades —tal vez insuperables— al crítico que busca la forma de la obra, o, mejor dicho, al lector que se acerca a este libro como si fuera una novela tradicional. Nos parece estéril argumentar si *Antonio Azorín* es una novela o no, aunque, dadas las peculiaridades estéticas del joven Martínez Ruiz, creemos que originalmente fue concebida como tal; pero si la obra fue concebida como novela, el propósito primitivo ha quedado inconcluso, como se explicará luego. Sin embargo, las ideas de Martínez Ruiz sobre la novela, puesta en boca del protagonista autobiográfico de *La voluntad* (1902), nos ayudan a comprender la estética formal que subraya la estructura de *Antonio Azorín* (1903):

> Esta misma coherencia y corrección antiartísticas —porque es cosa fría— que se censura en el diálogo... se encuentra en la fábula toda... Ante todo, no debe haber fábula... la vida no tiene fábula: es diversa, multiforme, ondulante, contradictoria... todo menos simétrica, geométrica, rígida, como aparece en las novelas. Y por eso, los Goncourt, que son los que, a mi entender, se han acercado más al *desiderátum,* no dan *una vida,* sino fragmentos, sensaciones separadas... Y así el personaje, entre dos de estos fragmentos, hará su vida habitual, que no importa al artista, y éste no se verá forzado, como en la novela del antiguo régimen, a contarnos tilde por tilde, desde por la mañana hasta por la noche, las obras y los milagros de su protagonista... cosa absurda, puesto que *toda* la vida no se puede encajar en un volumen, y bastante haremos si damos diez, veinte, cuarenta sensaciones...
>
> (*OC*, I, 863-864)

---

* Esta edición es la revisada y puesta al día de la que publiqué en la editorial Labor, Barcelona, 1970.

En *Antonio Azorín* es el personaje principal el que da motivación y unidad al libro, pero es un personaje a quien no le pasa nada, a quien le falta una vida exterior, una "historia". En la dedicatoria leemos palabras de Montaigne que describen la actitud del autor hacia la vida de su protagonista: "Je ne puis tenir registre de ma vie par mes actions; fortune les met trop bas: je le tiens par mes fantasies." Es decir, considera su vida activa de poca importancia. Martínez Ruiz, entonces, va a prescindir de lo episódico —en el sentido novelístico— para hacer destacar las sensaciones íntimas del protagonista, sensaciones producidas por circunstancias nada dramáticas. Aunque después de una lectura de *Antonio Azorín* podemos reconstruir el esbozo de un argumento, estrictamente hablando la obra no tiene una trayectoria anecdótica que con sus interrelaciones entre ambiente, protagonista, acontecimientos y acciones arrastre al lector por un mundo novelesco. Sólo sabemos que Antonio Azorín vivió en Monóvar donde pasaba su tiempo entre una casa de campo, el mismo pueblo y los alrededores, observando la Naturaleza y los tipos de su tierra natal. Su tío moribundo le llama a Petrel * donde se hace amigo de un epicúreo, Sarrió, y se enamora (suponemos) de la hija de su amigo. Su tío muere y, aburrido y entristecido por la vida en Petrel, Antonio Azorín vuelve a Madrid donde es periodista político. Hace algunos viajes a pueblos castellanos donde observa las pobres condiciones económicas y sociales, y al volver a Madrid se encuentra con una visita de Sarrió. Con la despedida de su amigo acaba el libro. Aparte de esto, pocas de las andanzas de Azorín en sí le afectan directamente; sólo observa y describe sus impresiones.

Antonio Azorín rara vez dialoga con alguien. Sólo hay diálogo en dieciocho de los cincuenta y nueve capítulos, y casi siempre uno de los contrincantes tiene

* Por decreto de Consell de Generalitat Valenciana núm. 132/84, de fecha 10 de diciembre, se adopta como denominación de este municipio la de Petrer, desestimando la anterior de Petrel, y recuperando así su denominación en valenciano.

la palabra, convirtiéndolo todo en monólogo. En cada escena donde hay dos personajes de cierta importancia, uno se caracteriza por una inactividad e impasibilidad exageradas. En fin, Martínez Ruiz ha conseguido eliminar, o reducir a un mínimo, todos los elementos de una novela clásica: argumento, dramatismo y diálogo. Añadiendo a esto el hecho de que no tiene estructura narrativa —es decir, no hay clímax y el final no equivale a conclusión—, nuestra lectura de *Antonio Azorín* se acaba sin la experiencia de una realidad vivida. Nuestras impresiones son multiformes, contradictorias, fragmentadas; pero tal es el propósito de Martínez Ruiz según lo citado arriba de *La voluntad*.

El problema de la fragmentación de la sustancia novelesca se agrava aún más si tenemos en cuenta que entre las estampas descriptivas y cuadros de costumbres en que se destaca una aguda observación de detalles y sensaciones sin trascendencia alguna van intercaladas varias historietas y fábulas que podrían existir aisladas, publicadas como obrillas sueltas. Nos referimos a las historias del que se atreve a tocar el piano por primera vez en muchos meses (I, cap. VIII); de la vieja que se obsesionaba por la muerte (I, cap. IX); de don Víctor y su bastón (II, caps. V y VII); y del hombre que desdeñó la posibilidad de una ilusión (II, cap. XIX). Podríamos clasificar como fábulas el discurso que pronuncia Antonio Azorín al grupo de obreros en Elda, cuya tesis es que amor y piedad pueden más que todas las soluciones políticas (I, cap. XIX); el ejemplo simbólico, relatado por Verdú, del agua, la sal y el sol (II, cap. III); y el "Origen de los políticos" en que Martínez Ruiz satiriza a los políticos por falta de inteligencia (II, cap. XVIII). [1]

---

[1] José María Martínez Cachero también señala esta técnica parabólica en *Antonio Azorín* y *La voluntad* (*Las novelas de Azorín*, p. 133). Y si este breve resumen descriptivo de la estructura de *Antonio Azorín* es poco más que una repetición de lo ya dicho sobre *La voluntad* (véase la Introducción a nuestra edición de *La voluntad*, Madrid, Castalia, 1969; 5.ª ed. corregida, 1985), es que en esto son extraordinariamente similares.

Así es que el mundo como lo experimentamos objetivamente se esfuma, se transforma bajo una perspectiva que mira sólo hacia lo subjetivo. Y es más que una subjetivación de lo real, de lo externo, porque la realidad interpretada es la especial que se presta a la subjetivación. La tarea —y el goce— del lector, entonces, es coger el ritmo y el tono psicológicos de las meditaciones y de las sensaciones del autor. Ahora, como observador que contempla impasiblemente lo que le rodea, Antonio Azorín (Martínez Ruiz) se fija en pequeñeces diarias y reales buscando no un valor trascendental, sino una sensación producida que puede convertir en un valor, más o menos estético o moral, de "pequeña" filosofía. Desde el punto de vista de un relativismo causado por variaciones en el estado psicológico y en la sensibilidad, lo grande puede ser pequeño y lo pequeño, grande: "Y Azorín piensa que en la vida no hay nada grande ni pequeño, puesto que un grano de arena puede ser para un hombre sencillo una montaña" (II, cap. IV). Llega a tal extremo este afán de parte del artista para captar la impresión, o lo accesorio a la realidad, que se siente frustrado algunas veces ante lo "inefable": "Yo no voy a expresar ahora lo que Azorín ha sentido mientras llegaba a los senos de su espíritu esta música delicada, inefable. El mismo epíteto que yo acabo de dar a esta música, me excusa de la tarea: *inefable*, es decir, que no se puede explicar, hacer patente, exteriorizar lo que sugiere" (I, cap. VIII). Hay otros ejemplos en que Martínez Ruiz admite la imposibilidad para las palabras de expresar la sensibilidad humana: "Parecía que con su mirada le acariciaba y le decía mil cosas sutiles que Azorín no podría explicar aunque quisiera. Cuando oímos una música deliciosa, ¿podemos expresar lo que nos dice? No..." (II, cap. XX); y "Yo, Pepita, no podría decirte lo que he sentido cuando he tocado estas naranjas; son cosas tan etéreas que no hay palabras humanas con qué expresarlas..." (III, cap. VI). Es interesante notar que mientras Martínez Ruiz se recrea en largas y detalladas descripciones de lo visual, pintando formas y matices, no es tan sensitivo a las sensaciones de oído y tacto. Lo importante aquí, no obstante, es reconocer que Martínez Ruiz agranda de tal forma los resultados de la contemplación que llegan a llenar toda la experiencia vital.

Esta actitud contemplativa y el consiguiente análisis minuciosamente descriptivo de lo observado no sólo prestan una intensa lentitud a la prosa de *Antonio Azorín*, sino que también le llevan a Martínez Ruiz a un tedio y un cansancio vital que resultan en meditaciones tristes sobre la inutilidad de la existencia humana. Se convence que frente a una idea, un gesto o un acto de un ser humano la Naturaleza es ciega e indiferente. Contribuye entonces a intensificar este estado vital del protagonista el hecho de que el libro está poblado de viejos, radicados en la soledad, que han fracasado en la vida o que ya no tienen ilusiones. El único remedio para combatir la "corriente inexorable de las cosas", parece, es tomar una actitud también indiferente —como Sarrió y como el Don Quijote derrotado— ante todo lo que sucede.

Lo irónico, sin embargo —e importante para una interpretación de la obra—, es que Antonio Azorín no puede lograr este estado de ataraxia, de indiferencia escéptica. Si está "añejada" en él la inteligencia, que por medio de la observación y el autoanálisis le mostraba lo insignificante de su papel en el universo (II, cap. XVII), también tiene ansia de vivir, de salir de su modorra contemplativa. Por eso se marcha a Madrid a ser periodista, a conquistar la fama. Como en la filosofía de Schopenhauer, la existencia del protagonista vacila entre el mundo de la representación y el mundo de la voluntad. [2] La ironía y el humor que salen a nuestro

---

[2] Esta concepción filosófica de la condición humana es una de las constantes de la literatura española de fines del siglo XIX y principios del XX. Pío Baroja la desarrolla metafísica y novelísticamente en sus primeras novelas, sobre todo en *Camino de perfección* y *El árbol de la ciencia* (véase nuestro estudio, "Baroja y Schopenhauer: *El árbol de la ciencia*", incluido en *Ideología y política en las letras de fin de siglo*, Madrid, Colección Austral, Espasa-Calpe, 1989).

encuentro a menudo en las páginas de *Antonio Azorín* le permiten al protagonista mirar con bondad y piedad sobre la estúpida y triste realidad que presencia. Pero por eso no es menos estúpida y triste, y en lo hondo de su personalidad surge el hombre apasionado por la necesidad de cambiarlo todo para el mejoramiento social y económico de España. Y hay momentos de una fe quijotesca en la posibilidad de enderezar los males.

Si Martínez Ruiz, en *Antonio Azorín*, insiste en la tristeza enfermiza y abrumadora de los pueblos españoles, su postura no es de un pesimismo final, sino más bien de un intento regeneracionista de rectificar las condiciones económicas y sociales. En la última parte de *Antonio Azorín*, tras un análisis estadístico de la decadencia del pueblo de Infantes, escribe:

> Un pueblo pobre es un pueblo de esclavos. No puede haber independencia ni fortaleza de espíritu en quien se siente agobiado por la miseria del medio... El labriego, el artesano, el pequeño propietario, que pierden sus cosechas o las perciben tras largas penalidades, que viven en casas pobres y visten astrosamente, sienten sus espíritus doloridos y se entregan —por instinto, por herencia— a estos consuelos de la resignación... Y habría que decirles que la vida no es resignación, no es tristeza, no es dolor, sino que es goce fuerte y fecundo; goce espontáneo de la Naturaleza, del arte, del agua, de los árboles, del cielo azul, de las casas limpias, de los trajes elegantes, de los muebles cómodos... Y para demostrárselo habría que darles estas cosas.
>
> (III, cap. XIV)

Hasta al principio del libro Martínez Ruiz había elogiado, en sus observaciones de las arañas Ron, King y Pic, los valores sociales que surgen de la teoría de la evolución y la fuerza de la voluntad que predicaba Nietzsche.

Resumen de todo el conflicto de Antonio Azorín es cuando el obispo de Orihuela, empleando palabras que podrían ser del protagonista contemplativo, llama a Nietzsche, Schopenhauer y Stirner caballeros andantes, pero a quienes "les falta esa simplicidad, esa visión humilde de las cosas, esa compenetración con la realidad que Alonso Quijano encontró sólo en su lecho de muerte, ya cuerdo de sus fantasías". Martínez Ruiz nos da su reacción contraria (aunque sea en vena lírica y metafísica): "Sí —piensa Azorín—, en el mundo todo es digno de estudio y de respeto; porque no hay nada, si aun lo más pequeño, ni aun lo que juzgamos más inútil, que no encarne una misteriosa floración de vida y tenga sus causas y concausas. Todo es respetable; pero si lo respetásemos todo, nuestra vida quedaría petrificada, mejor dicho, desaparecería la vida. La vida nace de la muerte; no hay nada estable en el universo; las formas se engendran de las formas anteriores. La destrucción es necesaria" (II, cap. XIV).

No es en vano, entonces, el que Martínez Ruiz sugiera a través de *Antonio Azorín* la comparación entre su héroe autobiográfico y los dos Alonso Quijanos: Alonso el Bueno y Don Quijote. La diferencia con Cervantes es que en *Antonio Azorín* no hay progresión de carácter, los dos coexisten en una radical bifurcación de personalidad nunca claramente resuelta.

Algunos críticos han visto esta contradicción en el carácter del personaje central de *Antonio Azorín*, pero le han dado poca importancia por el tono predominantemente melancólico y escéptico del libro. En realidad, fuera del interés en la página o la estampa típica de lo azoriniano (el tema del tiempo, la atención al detalle cotidiano que produce su emoción, etc.), la crítica ha prestado poca atención al libro *Antonio Azorín*, tratándolo casi siempre como obra de transición en dirección hacia el *Azorín* venerado. Y es esta dualidad latente la que nos lleva a una posible solución de un problema, de índole biográfica y creadora, que se le plantea inmediatamente al lector de las primeras obras de José Martínez Ruiz: ¿cómo conciliar al Martínez Ruiz contemplativo de *Antonio Azorín* —de 1903— con el agresivo pensador sociológico y político de *La voluntad,* novela terminada meses antes de emprender aparentemente el joven escritor la composición del libro aquí estudiado?

Hasta ahora, todos los críticos han considerado *La voluntad* (1902), *Antonio Azorín* (1903) y *Las confesiones de un pequeño filósofo* (1904) como una trilogía en que se manifiesta la evolución cronológica de un personaje autobiográfico (Antonio Azorín) desde una personalidad agresiva, periodista militante, a un sensitivo escéptico que da trascendencia al detalle, al "primor de lo vulgar", según la exposición tan atinada de Ortega y Gasset. El lector recordará que Antonio Azorín se inicia a la vida en *La voluntad* y que pasa su juventud escuchando los monólogos pesimistas y llanamente librescos de su maestro Yuste. Al final de la primera parte mueren tanto Yuste como Justina, la prometida de Azorín que había profesado como monja. El joven neurasténico se marcha a Madrid a conquistar la fama; y pronto las inquisiciones intelectuales de Yuste asumen una realidad ante las frivolidades y chabacanerías de la vida de la capital. Azorín sale para Toledo donde describe la tristeza y la resignación de la gente del pueblo castellano. Y con el fracaso de algunas tentativas regeneracionistas se marcha, la voluntad rota, al campo de Jumilla donde contempla la naturaleza con una casi total indiferencia. Esta última parte, desde luego, pertenece al mundo de *Antonio Azorín*. Pero el tono descendente de la novela se estropea por el Epílogo, que son cartas de José Martínez Ruiz a Pío Baroja llenas de comentario sociológico con tono crítico de la vida económica y social en las provincias españolas. Si la voluntad de Antonio Azorín, el protagonista, sale quebrantada, José Martínez Ruiz no ha abandonado sus intenciones de corregir los males de su patria.

Conviene mencionar ahora la monografía de la profesora Anna Krause, *Azorín, el pequeño filósofo,* que nos proporciona la interpretación, comúnmente aceptada, de la evolución del personaje literario Antonio Azorín; también es aceptada como la explicación de la conversión del propio autor. Según Anna Krause, *La voluntad,* sobre todo la primera parte, es una proyección en ficción del ensayo de Nietzsche, "Schopenhauer como

educador". Siguiendo a Nietzsche, sin embargo, Martínez Ruiz (Antonio Azorín) no puede aceptar la derrota
metafísica del pesimista alemán y se rebela contra su
tiempo para crear nuevos valores: destruye para crear.
Su fracaso le lleva a ver la vida como una danza de la
muerte, como una existencia determinada por la conca-
tenación de causa y efecto, y se obsesiona por la
hipótesis nietzscheana del Eterno Retorno. Nos de la
impresión de que el nihilismo del final de *La voluntad* no
es la última palabra. Un tono afirmativo anuncia la
salvación de Martínez Ruiz, si no de Antonio Azorín; es
la fe en el *yo* íntimo como una realidad única y suprema.
Los resultados del descubrimiento de la supremacía del
yo asocial, que contribuye a una armonía psíquica con
respecto a la realidad externa, se revelan en la serenidad
apolínea de *Antonio Azorín* contrastada con el fervor
dionisíaco de *La voluntad*. La elevación del espíritu
culmina en *Las confesiones de un pequeño filósofo,* libro
en que *Azorín* emerge como el poeta filosófico o el
filósofo poético, que vuelve a su niñez en el colegio de
Yecla en busca tranquila de su *yo* idealista. Yecla ya no
es el pueblo claramente simbólico de la decadencia
social y moral, sino que lo encontramos transfundido en
poesía. En fin, Azorín pasa de Schopenhauer (el pesimismo) a Nietzsche (la rebeldía del *yo* ante su ambiente), y finalmente a la resignación melancólica y escéptica
aprendida en Montaigne, cuyo magisterio se vislumbra
en la primera parte de *La voluntad* y luego se realiza en
la tercera.

El estudio de la profesora Krause revela una concien-
zuda preparación humanística que le permite manejar
con seguridad la historia de las ideas y moverse entre
filosofías y la creación artística. Aquí no voy a entrar en
las minucias de su obra, pero sí quiero destacar lo que
considero —a la luz de las investigaciones más recientes— errores de enfoque, a través de un comentario de
los cuales podemos quizá llegar a una mejor compren-
sión de las primeras obras de José Martínez Ruiz.

Hay una diferencia en los tonos de *La voluntad* y

Antonio Azorín. Pero si, leyendo con atención, tenemos en cuenta la actitud escéptica y contemplativa de algunos de los capítulos de la primera parte de *La voluntad* y de la totalidad de la tercera (cuya ironía y humor son muy parecidos a la prosa de *Antonio Azorín*), si nos fijamos en las conclusiones noventa y ochescas de algunos de los capítulos de *Antonio Azorín,* las diferencias tienden a reducirse a un cambio de énfasis, sin llamativas alteraciones de ideología ni en el protagonista ni en el autor. Aunque el estudio de la profesora Krause nos ayude a entender los resortes espirituales de la conversión de José Martínez Ruiz en *Azorín,* no es rigurosamente cronológico: ni las causas del cambio de nuestro autor ni el cambio mismo ocurren entre 1902 y 1903, sino que coexisten los dos estímulos psicológicos durante varios años de la juventud del escritor.

Pido al lector que tenga paciencia con mis disquisiciones, no tan desordenadas como puedan parecer a primera vista, porque creo que no dejarán de despertar cierto interés. Una lectura del periodismo de Martínez Ruiz nos ha demostrado que era un anarquista teórico y ante el hecho —algo más que el anarquista "literario" revelado en sus primeros folletos;[3] y un repaso del periodismo de Martínez Ruiz durante los primeros meses de 1903, supuesta época de la composición de *Antonio Azorín,* nos puede indicar si Martínez Ruiz había efectivamente cambiado entre el escribir *La voluntad* y el formular su *Antonio Azorín.* El capítulo V de la primera parte y los capítulos VII, VIII, X, XII y XIII de la tercera parte de *Antonio Azorín,* todos colaboraciones periodísticas que no pertenecen a la redacción primitiva del libro, se publicaron en *El Globo* en febrero de 1903, como señalo

---

[3] Cf. Jorge Campos, "Hacia un conocimiento de Azorín. Pensamiento y acción de José Martínez Ruiz", *Cuadernos Hispanoamericanos,* 226-227 (octubre-noviembre 1968), pp. 114-139, y nuestro artículo "José Martínez Ruiz (Sobre el anarquismo del futuro *Azorín*)", *Revista de Occidente,* 35 (febrero 1966), pp. 157-174; también recopilado en *Ideología y política en las letras de fin de siglo* (Madrid, Colección Austral, Espasa-Calpe, 1989).

en las notas a esta edición. Son los capítulos en que
precisamente más se destaca el noventa y ochismo del
autor y en que predica la fuerza y la voluntad. Vemos
también que publicó un artículo en que dice que la
pedagogía actual en España mata la voluntad, coarta la
iniciativa y arranca de la personalidad la audacia y el
vigor ("La pedagogía", *Juventud*, Valencia, 1-II-1903).
En otro, elogiando a Pi y Margall, escribe que la
Revolución dará paz a todas las naciones; paz que
vendrá con una religión *atea* y una política *anarquista*
("El 11 de febrero, Pi y Margall", *El Globo*, 11-II-1903).
Al día siguiente de aparecer otro artículo suyo de índole
atea y anticlerical, firma un artículo en *El Globo* (10-IV-
1903), "Jesús", en que interpreta la Pasión con intención política y a la manera anarquista. Y nos llaman la
atención sus dos artículos sobre "Nietzsche, español"
(*El Globo*, 17 y 18-V-1903) en que compara al pensador
alemán con Gracián y elogia su idolatría de la fuerza y
su condenación de la piedad. [4] Nuestras conclusiones
sólo pueden ser que Martínez Ruiz sigue manifestando
una gran preocupación, de índole crítica, por las realidades socio-políticas de la España del 1900; no hay nada
aquí de un tono "apolíneo". Pero tampoco en *La
voluntad* es todo "dionisíaco". Si no ha sabido aprove-
charse antes de la técnica feliz de la filosofía de lo
pequeño, en sus escritos de creación literaria Martínez
Ruiz siempre tenía algo del "pequeño filósofo": existe
en *El alma castellana* (1900), en *La fuerza del amor*
(1901) y también en *La voluntad*. Si es escepticismo,
paisajismo —o lo que sea— lo que buscamos, lo encontramos en grandes dosis también en *La voluntad*. Carlos
Blanco Aguinaga dice lo siguiente de esta novela: "No
es necesario insistir sobre el escepticismo de esta obra:
sabemos que es su característica principal". [5]

<hr />

[4] Para más información sobre la práctica continua de Azorín de
denunciar lo que él ve como problemas de España, véase la relación del
periodismo completo de Azorín en nuestro libro *Azorín: Guía de la obra
completa* (Madrid, Castalia, 1992).
[5] "Escepticismo, paisajismo y los clásicos: *Azorín* o la mistificación de

Si dejamos a un lado el problema de una posible insinceridad, problema que, según creemos, realmente no viene a cuento, el hecho es que somos testigos de una crisis íntima, característica de muchos de la generación, que tiene ramificaciones tanto artísticas como ideológicas. Como se ha dicho antes, el joven Martínez Ruiz se había dedicado, desde 1894, a la propaganda militante del anarquismo. No vacilaba, no se retiró nunca ante los aguijones punzantes de la realidad. Su patria, España, representaba el problema, y las nuevas ideas sociales y económicas eran la única solución realista. Pero sabemos también que su vida de periodista fue dura, que le echaron de las redacciones, que sufrió represalias, de estas que sólo en la vida oficial de Madrid se podrían confabular. El hecho es que en el diario *Charivari,* publicado en 1897, leemos, con fecha del 2 de abril de 1897, lo siguiente: "Cada vez voy sintiendo más hastío, repugnancia más profunda, hacia este ambiente de rencores, envidias, falsedad... Me canso de esta lucha estéril... Y aunque venciera, ¿qué? ¡Vanidad de vanidades!" (*OC,* I, p. 287). Y notamos que empieza por citar el "amable escepticismo" de Montaigne con cierta regularidad a partir de *Soledades* (1898). Es decir, que ya desde 1897 comienza a apuntar más y más el lado contemplativo y escéptico de Martínez Ruiz, aunque siga, por chocante que parezca, su rigurosa postura de anarquista militante. En *El Progreso* (2-XII-1897), tras criticar, por igual, la vida en la ciudad y la vida en el pueblo —ni le gusta el Ateneo ni el Casino—, Martínez Ruiz escribe:

Es mejor estar aislados en medio de la Naturaleza, en el campo, rodeados de gentes que no entienden de arte, de literatura, de política; solos, en eterno monólogo, en preocupación perpetua de los grandes problemas; sin más ami-

---

la realidad", *Ínsula,* 247 (junio 1967); también recopilado en *Juventud del 98* (Madrid, Siglo XXI, 1970).

gos que los libros, ni más afán que el trabajo fecundo, silencioso, desinteresado; solos, bajo el cielo sereno, cercados de espesura riente, verde, lozana en la primavera; triste en otoño, cuando en los días grises caen sus hojas como una lluvia de copas amarillas...

No nos debe sorprender, pues, encontrar en *Diario de un enfermo* (escrito en 1899 y 1900 y publicado en 1901) —la obra más angustiada, más neurasténica, del joven Martínez Ruiz— la siguiente intimidad: "Como antes no supieron comprender la Naturaleza, ni acertaron con la poesía del paisaje, ahora no comprendemos lo artístico de los matices de las cosas, la estética del reposo, lo profundo de un gesto apenas esbozado, la tragedia honda y conmovedora de un silencio" (*OC,* I, p. 703). Parece sin duda una declaración parcial de la estética que domina la elaboración de *Antonio Azorín.* Y el hecho es importante porque una redacción primitiva de *Antonio Azorín* podría ser coetánea, más o menos, de los fragmentos del *Diario de un enfermo.*

El profesor Leon Livingstone, a cuyos estudios sobre la novela de *Azorín* debemos tanto, empleó partes de lo citado arriba como punto de partida en su ensayo sobre *Diario,* "La estética del reposo". [6] La tesis principal de Livingstone es que en *Diario* presenciamos la reducción de la realidad externa a impresiones inconexas que revelan la sensibilidad. El resultado es una dualidad de realismo y antirrealismo. De un lado, el artista concentra su atención en lo externo, en todo su detalle; y del otro, su búsqueda de la sensibilidad producida constituye un desdén de la realidad, cuya existencia se justifica sólo por sus potencialidades estéticas. Todo esto resulta de una indiferencia hacia la independencia de la realidad (pp. 74-75). Los tanteos del incipiente novelista en *Diario* le llevan a darse cuenta de la trágica división

---

[6] Incluido en *Tema y forma en las novelas de Azorín* (Madrid, Gredos, 1970), pp. 70-80.

entre la vida y la contemplación de la vida, entre el *yo* y la conciencia del *yo* (pp. 75-76). Si *Diario de un enfermo* puede explicarse en parte —tanto como su versión más ampliada, *La voluntad*— como fragmentos de una especie de pre-novela sobre las dificultades del artista en trascender la realidad, en hacerla eterna (es decir, como novela sobre la novela o sobre el acto de creación), entonces *Antonio Azorín,* en su versión original, puede ser la novela, o una de las novelas, que quiere escribir. Si es así, *Diario de un enfermo, La voluntad* y *Antonio Azorín* representarían tres tentativas por el joven Martínez Ruiz de acercarse a la novela, o a la prosa puramente artística, con las complicaciones inherentes a interpretar la realidad a través de su sensibilidad entonces fluctuante.

En *Madrid, Azorín* nos dice que escribió una parte de *Antonio Azorín* en un cuarto en la calle del Carmen, esquina a la de la Salud, y que metió el manuscrito en un cajón donde *"durmió mucho tiempo"* (*OC, VI,* 191 [lo subrayado es mío]). De haber escrito el libro entre mayo de 1902, fecha de la publicación de *La voluntad,* y mayo de 1903, fecha puesta al final del texto de *Antonio Azorín* y mes de su salida a los escaparates, el manuscrito no habría podido dormir en un cajón "durante mucho tiempo". También nos dice *Azorín* que su cuarto en la calle del Carmen daba a una iglesia; lo mismo hallamos en la descripción de su alojamiento que da el protagonista Antonio Azorín en una de sus cartas a Pepita (III, cap. V). En *Diario de un enfermo,* bajo la fecha del 3 de marzo de 1899, encontramos otro detalle que nos lleva a creer que en 1899 vivía Martínez Ruiz en la calle del Carmen: "Me marcho de Madrid. Al salir del Carmen, la he visto esta mañana..." (*OC, I,* 702). Si tomamos estas palabras al pie de la letra, como realidad física, y si nos fijamos en que Martínez Ruiz bajaba a la estación del Mediodía para ir a Toledo, parece que vivía entonces en la calle del Carmen. Pero según su propia confesión escribió parte de *La voluntad* —cuya composición es claramente datable entre 1901 y la primavera de

1902—[7] en un pupilaje en la calle de Relatores (*Madrid, OC*, VI, 191). Todo lo cual —aunque parezca alambicado— nos hace pensar que parte de *Antonio Azorín* se redactó con anterioridad a *La voluntad* y más o menos al mismo tiempo que *Diario de un enfermo*.

Ya sospechó J. M. Martínez Cachero (*ob. cit.*, pp. 142-143) alguna discrepancia posible entre la fecha de la versión del Antonio Azorín de *La voluntad* y la de *Antonio Azorín*, pero optó por la evolución personal de Martínez Ruiz, evolución que para mí no es clara durante estos años, como ya queda dicho. Pero aún hay más que meros datos externos; una interpretación psicológica del protagonista-autor nos apoya en la teoría de que *Diario de un enfermo, La voluntad* y *Antonio Azorín* son distintas versiones de la misma obra cuyas diferencias radican principalmente en la momentánea sensibilidad del autor, en que la influencia del paisaje (Madrid, Yecla, Monóvar) no tenía poco que ver, y en los problemas que cualquier artista tiene al decidir cómo debe escribir su novela.

A continuación mi propósito será establecer las semejanzas de la estructura, el estilo y algunas de las ideas de las tres obras.

Aunque hallemos páginas de antología, como obra artística de conjunto, tal como se ha publicado, *Antonio Azorín* es muy inferior a *La voluntad*. Empieza como novela con interesantes posibilidades, pero se deshace hacia los últimos capítulos. En realidad Martínez Ruiz no la termina; como queda constatado en otro lugar de esta introducción, los últimos capítulos de la tercera parte son colaboraciones periodísticas escritas para otras ocasiones y simplemente agregadas al final del libro. La técnica narrativa en estos capítulos cambia totalmente: ya no existe —y el cambio es radical para el lector atento— el narrador que relata las andanzas de Antonio Azorín, sino que se ha sustituido por el *yo* del observador tan común en los artículos del periódico de

---

[7] Véase nuestra edición de *La voluntad*, ya citada.

Martínez Ruiz. Si esta primera persona existe en la tercera parte de *La voluntad,* es el *yo* de un diario y la transición se hace con dirección y propósito artístico, ya avisado al lector. No es así en *Antonio Azorín.* Además, los defectos en la técnica narrativa en el capítulo XV de la primera parte y el capítulo IV de la segunda (comentados en las notas) demuestran el descuido de la preparación del texto. [8]

En cuanto a la elaboración estructural de *La voluntad* y *Antonio Azorín* la mayor diferencia, según nuestra opinión, está en los elementos librescos y la presencia de numerosos artículos periodísticos entretejidos en la na-

---

[8] Las intervenciones gratuitas del *yo* en la narrativa de tercera persona son mucho más numerosas en *Antonio Azorín* que en *La voluntad,* lo cual nos podría sugerir que *Antonio Azorín* está en forma más tentativa, menos pulida, que la otra novela. En su trabajo "La narración en *La voluntad* de José Martínez Ruiz" (en *José Martínez Ruiz [Azorín]. Actes du Colloque International,* Université de Pau et Des Pays de L'Adours, 1985), José María Vidal disputa el valor de nuestra observación aquí. Partiendo de un análisis semiótico de la distinción entre Enunciación y Narración —que no habríamos entendido nosotros, según él—, insiste en que la técnica narrativa de Azorín en estos casos no representa un defecto, sino una opción aceptable. Por otra parte, Francisco Javier Díez Revenga se pregunta si estas intromisiones del *yo* en la narración no serían intencionadas para reforzar la clara intención autobiográfica del relato ("Las primeras novelas de Azorín: Aproximación a un estudio de la novela lírica en Martínez Ruiz", en las *Actes* del coloquio de Pau ya mencionadas). En este mismo contexto, el profesor Pérez López me increpa con cierto encono en la introducción de su edición de *Antonio Azorín* (Cátedra, 1991) por una desatención a los planteamientos estéticos de la obra. Y desde la mirada de los más de veinte años de teoría literaria que median entre hoy y la redacción de esta introducción mía, confieso que mi análisis estético es modesto. Indicio de su vigencia, sin embargo, es que el mismo profesor Pérez López sigue —con unas excepciones— la estructura y los planteamientos de mi análisis, no desechándolos, en el fondo, sino más bien elaborándolos, y, desde luego, sacando más fruto. También me ha halagado ver que en su análisis parte de unas ideas sobre "la nueva manera de ver las cosas" y sus implicaciones para la literatura de principios de siglo que formulé yo en una conferencia dada en Salamanca en 1983, y que luego he ido desarrollando y diseminando en ensayos sobre Azorín, Baroja, Unamuno y Ortega, recopilados en *Ideología y política en las letras de fin de siglo* (1989). Así, remito al lector interesado al excelente análisis del profesor Pérez López.

rración de la primera novela (véase mi edición de *La voluntad*). Es decir que *La voluntad* es una novela mucho más elaborada; y es en esta elaboración libresca donde más se destaca lo violento y agresivo de *La voluntad*.

Ahora bien, si reducimos *La voluntad* a su esqueleto más puramente novelesco, podemos notar sorprendentes analogías entre su estructura y la de *Antonio Azorín*. Los dos libros se abren con una descripción del campo en que el autor nos pinta un panorama sensual del paisaje (del valle de Elda en *Antonio Azorín* y de los alrededores de Yecla en *La voluntad*). De forma cinematográfica, nos acerca el artista a una casa y nos describe su interior con todo pormenor, con énfasis en los cuadros que cuelgan de las paredes. Si los ambientes son distintos y los detalles auténticos, es fácil observar que la sensibilidad de Martínez Ruiz se capta por objetos de igual índole: el método y la lente artística son los mismos, sólo la realidad es diferente. En los dos libros hay escenas de Antonio Azorín leyendo y tomando apuntes (*La voluntad*, I, cap. VII; *Antonio Azorín*, I, cap. III). También hay los encuentros del protagonista con los clérigos de los pueblos, ambos puramente descriptivos y narrativos, sin tono anticlerical (*La voluntad*, I, cap. XVIII; *Antonio Azorín*, I, cap. XII). Después de la muerte del maestro en ambas novelas, Antonio Azorín se va a la villa y corte a conquistar la fama como escritor. Notamos que la técnica empleada para describir las experiencias del protagonista en Madrid de *Antonio Azorín* es diferente, por el lirismo y la ironía, pero el resultado es el mismo: se desilusiona ante las zancadillas de la vida de un escritor en Madrid y crece su escepticismo. Sin embargo, a pesar del tono más apagado de esta parte de *Antonio Azorín*, espigamos una breve descripción de las calles de la capital que proviene de la nerviosidad del protagonista de *Diario de un enfermo* y *La voluntad*: "Pasan en formidable estrépito carromatos, coches, tranvías; se oyen voces, golpes violentos, rechinar de ruedas; un organillo lanza sus notas cristalinas" (III, cap. V).

Y Martínez Ruiz presenta sus personajes principales en *Antonio Azorín* de igual forma que en *La voluntad:* son encarnaciones de un ideal, a menudo expresado librescamente, sin rasgos de psicología humana. Y cada personaje tiene su paralelo en las dos novelas: Yuste, el paradójico anarquista-metafísico-escéptico y el otro maestro, Pascual Verdú, cuyo pesimismo se cubre con una especie de fe católica en el espíritu. Verdú es el más sencillo de los dos en su personalidad. Y como se ha documentado ampliamente —documentación señalada en las notas al texto de *Antonio Azorín*—, se trata de un personaje real, tío de Martínez Ruiz, cuyo verdadero nombre fue Miguel Amat y Maestre. Los datos biográficos que el autor atribuye a Verdú son hasta el último detalle los de Amat y Maestre, proporcionados por él mismo en una carta a Martínez Ruiz, en octubre de 1893. Además, la caracterización de Verdú se toma directamente de las cartas personales al futuro Azorín escritas por su tío entre 1892 y 1894, y del contenido de unas conferencias sobre el espiritualismo en el arte que pronunció en el Ateneo de Madrid en 1877. [9] Ahora bien, el pesimismo inicial de Verdú se expresa con muchas de las mismas ideas, hasta de las mismas palabras, con que nos describe Yuste todo lo perecedero del universo. Aunque tenga Pascual Verdú más fe en el espíritu, ambos, él y Yuste, se preocupan por la transmutación de los valores, los cambios en la expresión lingüística y los "jóvenes" y los "viejos" en el mundo de las letras (*La voluntad,* I, cap. IX; *Antonio Azorín,* II, cap. V). Por cierto, sus comentarios parecen meditaciones complementarias sobre el problema de las generaciones en la literatura. La caracterización de Yuste se complica en *La voluntad* precisamente porque Martínez

---

[9] Para la biografía de Miguel Amat y Maestre y un estudio de su relación especial con su sobrino Martínez Ruiz, incluyendo la reproducción de su correspondencia, véase Salvador Pavía Pavía, *Don Miguel Amat Maestre (Pascual Verdú) y los orígenes literarios de Azorín* (Petrel, Caja de Crédito de Petrel, 1986), y José Rico Verdú, *Un Azorín desconocido* (Alicante, Instituto de Estudios Alicantinos, 1973).

Ruiz está continuamente intercalando párrafos de sus artículos periodísticos en los monólogos de su maestro. Sabemos que los dos mueren en las novelas y que la reacción del protagonista es la misma. Si Yuste bien podría inspirarse en el abuelo paterno del autor, José Martínez Yuste, muerto en 1878, importante notario yeclano que había cursado Filosofía y que al final de su vida había venido a menos, [10] Martínez Ruiz no llegó a conocerle, ni hay evidencia de que la caracterización de Yuste se base en la biografía intelectual del abuelo del autor, más bien al contrario. Por otra parte, si tomamos en cuenta que Amat y Maestre, de quien el autor tenía gratos recuerdos, murió en 1896, se nos ocurre que la experiencia autobiográfica —de tanto peso en los primeros escritos de Martínez Ruiz— habrá producido primero a Verdú y luego desarrollado a Yuste. [11]

Volviendo a la semejanza con que esboza sus caracteres en las dos novelas, debemos mencionar al padre Lasalde, el utopista de *La voluntad,* y su paralelo, Sarrió el epicúreo. Y finalmente, Justina, la novia que tomó el hábito, y Pepita, la alegre hija de Sarrió, también novia de Antonio Azorín. Sospechamos que la segunda estampa de *Los pueblos* (1905) en que *Azorín* relata la muerte de Pepita pertenece a la versión original de *Antonio Azorín.* Si es así, la muerte de las dos novias sería otro paralelo narrativo.

[10] Cf. Miguel Ortuño Palau, "Yecla y sus personajes en la obra de Azorín", *Conferencias pronunciadas con motivo del homenaje nacional al maestro Azorín* (Alicante, 1972). Véase también la introducción a la tercera edición (ampliada y corregida) y siguientes de *La voluntad,* publicadas por Castalia.

[11] Nos damos cuenta de que en *Antonio Azorín* existen dos alusiones a Yuste (I, caps. VIII y II, cap. I); pero son referencias parentéticas que fácilmente hubiera podido añadir el autor. De igual manera, retocó algunos de los artículos publicados en *El Globo.* Otro detalle sugestivo es que en *Diario de un enfermo* y *Antonio Azorín,* Martínez Ruiz expresa una atracción misteriosa por la vida y los pensamientos de las monjas: asunto que estudia en los manuales y que comenta en *La voluntad.* Justina representaría entonces el desarrollo en forma de personaje principal de una preocupación sólo sugerida en las obras anteriores.

Si agregamos a los datos anteriores un examen del estilo de Martínez Ruiz en las descripciones paisajistas de *Diario de un enfermo, La voluntad* y *Antonio Azorín,* veremos otro parecido destacado, cuyos detalles revelan que el escritor de las tres obras no ha evolucionado estilísticamente, como se ha creído antes. Reproduzco algunos fragmentos a título de ejemplo:

> De tiempo en tiempo, un almendro retorcido y costroso, una copuda higuera, una palma solitaria que balancea en la lejanía del horizonte sus corvas ramas... Más arriba, perdida ya la franja blanca del mar, enormes moles azules, complicada malla de montañas, la formidable cordillera de Salinas, aledaño de la provincia, con sus estribaciones, ramas, cruzamientos, oteros, hijuelas mil que de la alta madre se desgajan y forman barrancos al abismo, recuestos de sembrado, planos de viñas, cuyo oleaje de pámpanos desborda de los blancos ribazos escalonados... Y por todas partes el empinado muro de las montañas, grises, verdinegras, zarcas las lejanas... Los amplios bancales, las montañas pobladas de pinos, los vastos olivares que bajan hacia la laguna escalonados...
>
> (*Diario de un enfermo, OC,* I, 706-707)

* * *

> A lo lejos, una torrentera rojiza rasga los montes; la torrentera se ensancha y forma un barranco; el barranco se abre y forma una amena cañada... Y apelotonados, dispersos, recogidos en los barrancos, resaltantes en las cumbres, los pinos asientan sobre la tierra negruzca la verdosa mancha de sus copas rotundas... Y las viñas extienden su sedoso tapiz de verde claro en anchos cuadros, en agudos cornijales, en estrechas bandas que presiden blancos ribazos por los que desborda la impetuosa verdura de los pámpanos... un tenue telón zarco cierra el horizonte...
>
> (*Antonio Azorín, OC,* I, 1001-1002; I, cap. I).

* * *

La verdura impetuosa de los pámpanos repta por las blancas pilastras, se enrosca a las carcomidas vigas de los parrales, cubre las alamedas de tupido toldo cimbreante, desborda en tumultuosas oleadas por los panzudos muros de los huertos, baja hasta arañar las aguas sosegadas de la ancha acequia exornada de órtigas. Desde los huertos, dejando atrás el pueblo, el inmenso llano de la vega se extiende en diminutos cuadros de pintorescos verdes, claros, grises, brillantes, apagados, y llega en desigual mosaico a las nuevas laderas de las lejanas pardas lomas.

(*La voluntad, OC,* I, 852)

Además de ser los pasajes de *Diario de un enfermo* y *Antonio Azorín* muy semejantes en los detalles observados y hasta en los giros de expresión (las dos son descripciones desde el Collado de Salinas: recuérdese también lo dicho sobre la fecha de composición de las dos obras), notamos que el estilo y la técnica descriptiva de las tres muestras son iguales; no hay variaciones. Sin entrar en una discusión detallada del estilo de Martínez Ruiz ilustrado aquí (lo obvio es la predilección por verbos de moción, "desgajan", "desborda", "extienden", "bajan", etc., el interés en matices impresionistas de colores, y lo geométrico, "planos", "cuadros", "bandas", etc.), conviene destacar que la característica principal es que el autor casi favorece la anteposición de los adjetivos de color y otros de valor altamente descriptivo. En el caso atribuido del adjetivo la anteposición es normal en la prosa, pero cuando se trata de un adjetivo generalmente descriptivo o analítico, tal posición indica una valoración subjetiva de parte del escritor. Describe lo que para él es un elemento ya inherente en el objeto. Ya que no distingue objetivamente (que tal es el propósito de la posposición), pierde su identidad como adjetivo y se incorpora a la realidad del sustantivo. Ahora es el sustantivo, enriquecido, sí, en su poder sugestivo, en que fijamos la atención. [12] Hans Jeschke dice que este

---

[12] Una lectura de *Antonio Azorín* nos lleva a una consideracón de la relación artística y estilística entre las obras de Martínez Ruiz y Gabriel

giro hacia la valoración subjetiva, característica de toda
la generación de 1898, depende de su concepción escéptica del mundo y de su consciente voluntad de relativizar
y transmutar todos los valores. [13]

Nos hemos preguntado entonces si *Antonio Azorín* no
fue originalmente la primera versión de *la* novela que
Martínez Ruiz quería escribir al principio del siglo; una
segunda versión de la cual, más elaborada, que expresa
mejor su actitud vital y sus concomitantes paradojas,
fue *La voluntad*. Por no cuajar, probablemente por
conflictos espirituales y artísticos, la dejó de lado, y con
la confianza ganada por la publicación de *La voluntad,*
con su camino de escritor ya asegurado, la volvió a
tocar para publicación en 1903. [14] Pero lo importante no

Miró. Los capítulos dedicados a sus visitas a Alicante y a Orihuela y la
alusión a Adelardo Parrilla, pintor alicantino y gran amigo del joven
Gabriel, nos han hecho preguntar si los dos escritores levantinos no se
conocían al principio del siglo. Ni los biógrafos ni los mismos autores
mencionan tal amistad alrededor de 1900. Es más, las obras mejor
conocidas del joven Miró no acusan una influencia estilística de Martínez Ruiz. Según las más recientes investigaciones hechas por el profesor
Edmund King sobre la cronología de la obra de Miró, *Del vivir* es la más
antigua (escrita en 1902 y publicada en 1904) de las incluidas en las
Completas. En ella, típica de Miró, sería difícil encontrar muestras de la
técnica azoriniana descrita arriba en el texto. Sin embargo, en *La mujer
de Ojeda* (1901) e *Hilván de escenas* (1903), novelas repudiadas por Miró
y nunca reimpresas, son asombrosas las semejanzas con la prosa de
Martínez Ruiz, en técnica (sobre todo el uso exagerado de la anteposición de adjetivos descriptivos) y hasta en las fórmulas empleadas para
describir ciertos aspectos del paisaje alicantino. Ahora sabemos que
Martínez Ruiz puso prólogo al libro *Artistas levantinos* (1899), de Luis
Pérez Bueno (véase la nota 15 al cap. II de la primera parte de *Antonio
Azorín*), y que fue Pérez Bueno protector de Miró y prologuista de *La
mujer de Ojeda*. Parece evidente entonces que Miró conoció por lo
menos las obras del joven Martínez Ruiz, si no a él personalmente, y que
La mujer de Ojeda e *Hilván de escenas* representan tentativas de aprove-
charse de las innovaciones del futuro *Azorín*. Por ser obras demasiado
imitativas en su estilo, Miró quiso que fuesen olvidadas.

[13] *La generación de 1898 (Ensayo de una determinación de su esencia),*
2.ª ed. española, Madrid, 1954, p. 138.

[14] Nuestra especulación sobre la cronología de la composición de
Antonio Azorín y *La voluntad* no ha convencido a algunos críticos. Se

es decidir definitivamente si *Antonio Azorín,* por lo menos en partes, se compuso con anterioridad a *La voluntad,* sino darnos cuenta de que la verdadera trilogía, la verdadera "saga de Antonio Azorín", consiste en *Diario de un enfermo, La voluntad* y *Antonio Azorín.* [15] A través de estas obras (y el periodismo de Martínez Ruiz) somos testigos de las intimidades de una personalidad que lucha con el conflicto entre la realidad y el arte. Siente la sincera necesidad de confrontarse con las realidades de su patria, pero le acucia un creciente escepticismo con respecto a sus capacidades para efectuar un cambio. La consecuencia es que sufre de lo que para él es la dicotomía entre el vivir, la acción, y el leer, escribir y contemplar —entre la vida y la inteligencia, [16] ante la cual, por sus análisis destructivos, se paraliza la voluntad y se disgregan los ideales.

---

han mencionado los siguientes datos para insistir en que, a pesar de todo, *Antonio Azorín* fue novela concebida después de *La voluntad:* 1) en una carta a su hermano, fechada el 22 de marzo de 1902, al aludir a la publicación inminente de *La voluntad,* Martínez Ruiz menciona que está escribiendo otro libro, y 2) la presencia en *Antonio Azorín* de las dos alusiones a Yuste —ya señaladas por nosotros—, personaje, como sabemos, de *La voluntad* (véase sobre todo M. D. van Biervliet, *"La voluntad* y *Antonio Azorín:* Reconsideración de su cronología", *The American Hispanist,* núm. 11, octubre 1976, 6-8). Ni un dato ni otro quita la posibilidad, claro está, de que existiese un manuscrito borrador anterior a *La voluntad,* manuscrito que después elabora y termina el autor, añadiendo textos escritos a finales de 1902 y principios de 1903, como lo son, sabemos, los capítulos de la tercera parte.

[15] Es curioso cómo todos los críticos han querido relacionar *Las confesiones de un pequeño filósofo* con los libros anteriores. Aunque se trate de impresiones de la niñez de Martínez Ruiz, no aparece el ya conocido protagonista Antonio Azorín ni tampoco la antinomia "inteligencia-vida" que tanto plagaba al Martínez Ruiz de los libros mencionados. Desde el punto de vista de estructura —de obra de arte— tiene muy poco que ver con *La voluntad* y *Antonio Azorín.* Si dejamos a un lado el elemento autobiográfico, parece ser más bien el libro que abre el ciclo de las colecciones de estampas: *Los pueblos* (1905), *España* (1909) y *Castilla* (1912).

[16] Para *Azorín* la palabra *inteligencia* tiene un significado especial de probable origen schopenhaueriano. Es un poder contemplativo, la sensibilidad necesaria para captar "lo eterno", el espíritu, de las cosas.

Es esta preocupación la que lleva a Martínez Ruiz a meditar sobre el Tiempo y la eternidad; o, mejor dicho, la preocupación por el Tiempo es otra vertiente del mismo problema —problema que constituye, ni más ni menos, la esencia artística e ideológica de *Antonio Azorín*—. En *La voluntad,* Yuste dice:

> Todo pasa. Y el mismo tiempo que lo hace pasar todo acabará también. El tiempo no puede ser eterno. La eternidad, presente siempre, sin pasado, sin futuro, no puede ser sucesiva. Si lo fuera y por siempre el momento sucediera al momento, daríase el caso paradójico de que la eternidad se aumentaba a cada instante transcurrido... La eternidad no existe. Donde hay eternidad no puede haber vida. Vida es sucesión; sucesión es tiempo. Y el tiempo —cambiante siempre— es la antítesis de la eternidad —presente siempre.
>
> (I, cap. III) [17]

Verdú viene a afirmar lo mismo con respecto a la vida: "Azorín, todo es perecedero acá en la tierra... La vida es movimiento, cambio, transformación" (II, cap. V). Si creemos que la vida implica los valores destructivos del tiempo, que todo gesto o acto del ser humano se esfuma en el olvido, nuestra visión de la existencia tiene que ser pesimista. Y Antonio Azorín se marcha de Yecla y de Monóvar porque Montaigne le había convencido de que el peligro de la vida en los pueblos es el sentirse vivir. "Este sentirse vivir hace la vida triste. La muerte parece que es la única preocupación en estos pueblos..." (*La voluntad,* I, cap. VII). "Comprender es entristecerse; observar es sentirse vivir... Y sentirse vivir es sentir la muerte..." (*La voluntad,* I, cap. XXV). De *Antonio Azorín:* "A mí también me sucede lo que a este hombre

---

[17] Estas mismas ideas se encuentran en *Diario de un enfermo* (*OC,* I, p. 694). Provienen directamente de Marie-Jean Guyau, *La genèse de l'idée de temps.* Otras influencias del filósofo francés en el autor de *Antonio Azorín* se documentan en las notas a esta edición. Véase también Carlos Clavería, "Sobre el tema del tiempo en *Azorín*", en *Cinco estudios de literatura española moderna,* Salamanca, 1945.

de Burdeos; pero esto es triste, monótono, y en la soledad de los pueblos esta tristeza y esta monotonía llegan a un estado doloroso. No, yo no quiero sentirme vivir" (II, cap. XXI). De ahí el *leitmotiv* en *Antonio Azorín* de la expresión "ya es tarde", como preocupación esencial en los pueblos. Pero la expresión es irónica, no es que haya algo que hacer; al contrario, el sentirse vivir es parar la sucesión de la vida, es no devenir y es sentirse parte de una tradición, la tradición eterna.

La huida de Antonio Azorín a Madrid, sin embargo, y su insistencia en ser el "hombre de todas horas" representan el rechazo de una actitud definitivamente pesimista. Sigue creyendo que en la realidad de la vida el curso del tiempo trae consigo cambio y diferencia y que donde hay tiempo no se encuentra lo eterno. Pero aceptada esta hipótesis el único remedio vital es actuar a base de una voluntad reformadora de la realidad.[18] Si buscamos la conciliación entre la naturaleza perecedera de todo lo exterior y lo eterno de todo lo espiritual, no obstante, el problema queda —en el plano existencial y de acción social— de dificilísima solución.

Otro escritor de la generación de 1898 se encontró ante el mismo dilema: Miguel de Unamuno. Nunca fue capaz de sostener su activismo como socialista, siempre en conflicto con su actitud contemplativa. Mientras Unamuno resolvió el problema vital a través de una continua lucha dentro de una metafísica de paradojas —lucha que bastaba en sí para traerle la inmortalidad—, Martínez Ruiz fracasó, abandonando su posición ante los conflictos de la existencia. Pero como artista, siempre vivió en tensión entre lo temporal y lo eterno, entre lo real y lo espiritual. Y siempre trató de encontrar la fórmula estética para expresar lo físico y lo

[18] José Antonio Maravall, en su brillante estudio "Azorín. Idea y sentido de la microhistoria", *Cuadernos Hispanoamericanos,* 226-227 (oct.-nov. 1968), pp. 28-77, subraya este concepto dentro de la teoría de la historia de *Azorín.*

metafísico sin destruir ni lo uno ni lo otro. Esto es la motivación de toda novela de *Azorín*.[19]

E. INMAN FOX

[19] Véase sobre este tema los agudos análisis del profesor Leon Livingstone, citados en esta introducción y en la bibliografía.

BIBLIOGRAFÍA SELECTA

La bibliografía que sigue pretende recoger todos los estudios de valor, hasta los más minuciosos, en torno a los primeros escritos de José Martínez Ruiz y los más significativos sobre *Azorín* en general. El lector que quiera investigar con más profundidad, o en más detalle, las obras posteriores a *Antonio Azorín* puede recurrir a la bibliografía sobre la vida y obra de Azorín incluida en nuestro libro, *Azorín: Guía de la obra completa* (Madrid, Castalia, 1992).

Abbott, James H.: *Azorín y Francia*. Madrid: Seminarios y Ediciones, 1973.

Abellán, José Luis: "Ambivalencia de Azorín", *Sociología del 98*, pp. 47-66. Barcelona: Península, 1973.

Alcina, Juan: "Estudio preliminar". Azorín: *Antonio Azorín*. Barcelona: Bruguera, 1967.

Alfonso, José: *Azorín. De su vida y de su obra*. Valencia: Cuadernos de Cultura, 1931.

——: *Azorín, íntimo*. Madrid: Colección "La Nave", 1949.

——: *Azorín (En torno a su vida y a su obra)*. Barcelona: Editorial Aedos, 1958.

Alonso, Eduardo: "Sobre los tiempos y la estructura de *La voluntad*", *Anales Azorinianos*, I (1983-1984), 106-115.

Amorós, Andrés: "El prólogo de *La voluntad* (Lectura)", *Cuadernos Hispanoamericanos*, 76 (1968), 339-354.

Arjona, Doris King: "*La voluntad* and *Abulia* in Contemporary Spanish Ideology", *Revue Hispanique*, LXXIV (1928), 573-667.

Ayala, Francisco: *El escritor y su imagen: Ortega y Gasset, Azorín, Valle-Inclán, Antonio Machado*. Madrid: Ediciones Guadarrama, Labor, 1975.

Baquero Goyanes, Mariano: "Azorín y Miró", *Perspectivismo y contraste*. Madrid: Gredos, 1963.

Barja, César: *Libros y autores contemporáneos (Ganivet, Unamuno, Ortega y Gasset, Azorín, Baroja, Valle-Inclán, A. Machado, Pérez de Ayala)*. Madrid: Librería General de Victoriano Suárez, 1935.

Baroja, Pío: "Prólogo", *La fuerza de amor, de J. Martínez Ruiz*. Madrid: La España Editorial, 1901 [en Baroja, *OC*, VIII; Azorín, *OC*, I].

——: *El escritor según él y según los críticos*. Madrid: Biblioteca Nueva, 1944.

——: *Final del siglo XIX y principios del XX*. Madrid: Biblioteca Nueva, 1945.

——: *Galería de tipos de la época*. Madrid: Biblioteca Nueva, 1947.

——: *Juventud, egolatría*. Madrid: Caro Raggio, 1917.

Baroja, Ricardo: *Gente del noventa y ocho*. Barcelona: Editorial Juventud, 1952.

Beser, Sergio: "Notas sobre la estructura de *La voluntad*", *Boletín de la Sociedad Castellonense de Cultura*, XXXVI (julio-septiembre 1960), 169-181.

Biervliet, Malcolm D. van: "*La voluntad* y *Antonio Azorín*: Reconsideración de su cronología"; *The American Hispanist*, 2, xii (1976), 6-8.

——: "Una hipótesis sobre el papel de la mujer en el desarrollo de José Martínez Ruiz, el futuro «Azorín»", *Cuadernos Hispanoamericanos*, 351 (1979), 651-56.

Blanco Aguinaga, Carlos: "Escepticismo, paisajismo y los clásicos: Azorín o la mistificación de la realidad", *Ínsula* (junio 1967); incluido también en *Juventud del 98*. Madrid: Siglo XXI, 1970.

Bleiberg, Germán: "Algunas revistas literarias hacia 1898", *Arbor*, XI (1948), 465-480.

Bobadillo, Emilio ("Fray Candil"): "Azorín", Muecas. *Crítica y sátira*. París, 1908.

——: "Impresiones literarias: *La voluntad*, por J. Martínez Ruiz", *Nuestro tiempo*, II, núm. 19 (1902).

Bonet, Laureano: "*Diario de un enfermo*, de Azorín: el momento y la sensación", en *Divergencias y unidad: Perspectivas sobre la generación del 98 y Antonio Machado*, ed. John P. Gabriele. Madrid: Editorial Orígenes, 1990.

Campos, Jorge: *Conversaciones con Azorín*. Madrid: Taurus, 1964.

———: "Hacia un conocimiento de Azorín: Pensamiento y acción de José Martínez Ruiz", *Cuadernos Hispanoamericanos*, 76 (1968), 114-139.

———: "José Martínez Ruiz, 1897", *Ínsula* (mayo 1967), 3.

Campos, Jorge, y Beltrán de Heredia, Pablo: *Azorín en su inmortalidad*. Madrid: Taurus, 1973. [Edición de lujo, con destino al obsequio navideño del Banco Ibérico. Importante fuente para cronología de textos e iconografía.]

Cano, José Luis: "Azorín en *Vida Nueva*", *Cuadernos Hispanoamericanos*, 76 (1968), 423-435.

Cansinos-Asséns, Rafael: "Martínez Ruiz (Azorín)", *La nueva literatura*, pp. 87-107. Madrid: Editorial Páez, 1925.

Carande, Bernardo V.: "Sarrió: Homenaje a Azorín", *Cuadernos Hispanoamericanos*, 468 (1989), 93-104.

Casares, Julio: *Crítica profana (Valle-Inclán, Martínez Ruiz, Ricardo León)*. Madrid: Renacimiento, 1915.

Castillo Puche, José Luis: "*La voluntad*, primera novela de Azorín", *Anales Azorinianos*, I (1983-1984), 98-105.

Cejador y Frauca, Julio: *Historia de la lengua y literatura castellana*, X. Madrid, 1919. [Con indicaciones bibliográficas.]

Cela, Camilo J.: "Breve noticia de un curioso epistolario del joven Baroja al joven Martínez Ruiz", *Papeles de Son Armadans*, 67 (1972), 211-231.

Clavería, Carlos: "Sobre el tema del tiempo en Azorín", *Cinco estudios de literatura española moderna*. Salamanca, 1941.

Coloma, Rafael: "Azorín y Monóvar", *Homenaje a Azorín*, pp. 49-54. Alicante: Instituto de Estudios Alicantinos, 1976.

Cruz Rueda, Ángel: "Nuevo retrato literario de Azorín", *Obras Completas de Azorín*, I. Madrid: Aguilar, 1947.

———: "Semblanza de Azorín", *Azorín, Obras Selectas*. Madrid: Biblioteca Nueva, 1943. [Seguida por una abundante bibliografía.]

Denner, Heinrich: *Das Stilproblem bei Azorín*. Zurich: Rascher y Compañía, 1932.

Díaz Plaja, Guillermo: *Modernismo frente al Noventa y Ocho*. Madrid: Espasa-Calpe, 1951.

Diego, Gerardo: "Monóvar y Azorín", *Anales Azorinianos*, III (1986), 127-129.

Díez de Revenga, Francisco Javier: "Las primeras novelas de Azorín: Aproximación a un estudio de la novela lírica en Martínez Ruiz", *José Martínez Ruiz ("Azorín"). Actes du Colloque International, Pau, 25-26 avril 1985*. Pau: Université de Pau et des Pays de L'Adour, 1986.

Durán, Manuel: "La técnica de la novela y el 98", *Revista Hispánica Moderna*, XXIII (1957), 14-27.

Enguídanos, Miguel: "Azorín en busca del tiempo divinal", *Papeles de Son Armadans*, XIV (1959), 13-32.

Entrambasaguas, Joaquín: "Estudio biográfico-crítico de José Martínez Ruiz (1873)", *Las mejores novelas contemporáneas*. Barcelona: Planeta, 1958. [Prólogo a una edición de *La voluntad*. Con importante bibliografía.]

Escudero Martínez, Carmen: "Sigüenza y Antonio Azorín", *José Martínez Ruiz ("Azorín")*. *Actes du Colloque International, Pau, 25-26 avril 1985*. Pau: Université de Pau et des Pays de L'Adour, 1986.

Espí Valdés, Adrián: "José Martínez Ruiz y los pintores de Alicante", *Homenaje a Azorín*, pp. 71-79. Alicante: Instituto de Estudios Alicantinos, 1976.

Fernández Almagro, Melchor: "José Martínez Ruiz", *En torno al 98 (Política y literatura)*. Madrid: Editorial Jordán, 1948.

Ferreres, Rafael: *Valencia en Azorín*. Valencia: Ayuntamiento de Valencia, 1968.

Fiddian, Robin William: "Azorín and Guyau: A Further Point of Comparison", *Romance Notes*, 16 (1975), 474-478.

——: "Cyclical Time and the Structure of Azorín's *La voluntad*", *Forum for Modern Language Studies (St. Andrews, Scotland)*, 12 (1976), 163-175.

Flores Arroyuelo, Francisco J.: "Antonio Azorín en *La voluntad*, un personaje desde el silencio", *Anales de la Universidad de Murcia*, 14 (1965-1966).

Fox, E. Inman: *Azorín: Guía de la obra completa*. Madrid: Castalia, 1992. [Con una bibliografía completa hasta el día sobre la vida y obra de Azorín.]

——: *Azorín as a Literary Critic*. New York: Hispanic Institute in the United States, 1962.

——: *Ideología y política en las letras de fin de siglo (1898)*. Madrid: Espasa-Calpe, 1989.

——: "Introducción". Azorín, *La voluntad*. Madrid: Castalia, 1968, 5.ª ed. (corregida), 1985.

——: "Galdós' *Electra*: A Detailed Study of its Historical Significance and the Polemic between Martínez Ruiz and Maeztu", *Anales galdosianos*, I (1966), 131-141. [Versión española en *Ideología y política*.]

——: "José Martínez Ruiz: Sobre el anarquismo del futuro Azorín", *Revista de Occidente*, 12 (1966), 157-174. [Incluido en *Ideología y política*.]

——: "Azorín y la nueva manera de mirar las cosas", *José Martínez Ruiz ("Azorín")*. *Actes du Colloque International, Pau, 25-26 avril 1985*. Pau: Université de Pau et des Pays de L'Adour, 1986.

Gamallo Fierros, Dionisio: *Hacia una bibliografía cronológica en torno a la letra y el espíritu de Azorín*. Madrid: Dirección General de Archivos y Bibliotecas, 1956.

García Mercadal, José: *Azorín: Biografía ilustrada*. Barcelona: Destino, 1967.

Gil, Ildefonso Manuel: "El disputado «¡Viva la bagatela!». Baroja, Azorín y Valle-Inclán", *Cuadernos Hispanoamericanos*, 76 (1968), 451-465.

Glenn, Kathleen M.: *Azorín (José Martínez Ruiz)*. Boston: Twayne, 1981.

——: *The Novelistic Technique of Azorín (José Martínez Ruiz)*. Madrid: Plaza Mayor, 1973.

Gómez Baquero, Eduardo ("Andrenio"): "Crónica literaria. *La voluntad*, de Martínez Ruiz", *El Imparcial*, 21 de julio de 1902.

——: "Revista literaria. *Antonio Azorín*, por J. Martínez Ruiz", *La España Moderna*, 177 (septiempre 1903), 173-180.

Gómez de la Serna, Ramón: *Azorín*. Madrid: Editorial "La Nave" 1930. [Corregido y aumentado, se reimprime en Buenos Aires, Losada, 1942.]

González Blanco, Andrés: "Martínez Ruiz", *Los contemporáneos*, 1-73. París: Garnier, 1906.

——: *Historia de la novela en España desde el Romanticismo a nuestros días*. Madrid: Sáenz de Jubera Hermanos, 1909.

González Ruano, César: *Azorín, Baroja (Nuevas estéticas, anotaciones sentimentales, caprichos y horizontes de pirueta)*. Madrid: Fernando Fe, 1923.

González Serrano, Urbano: *Siluetas*. Madrid: Biblioteca Mignon, 1899.

Granell, Manuel: *Estética de Azorín*. Madrid: Biblioteca Nueva, 1949.

Granjel, Luis S.: *Retrato de Azorín*. Madrid: Guadarrama, 1958.

——: *Panorama de la generación del 98*. Madrid: Guadarrama, 1959.

——: "Médicos y enfermos en las obras de Azorín", *Baroja y otras figuras del 98*, pp. 317-335. Madrid: Guadarrama, 1960.

Guillén García, José: "Orihuela en Azorín", *Orihuela en Azorín, Gabriel Miró y Miguel Hernández*. Alicante: Instituto de Estudios Alicantinos, 1973.

Gullón, Ricardo: "La primera carta de amor de Azorín y otras epístolas", *Ínsula*, 18 (199) (1963), 3.

Hernández Valcárcel, Carmen: "El viaje en el tiempo de Antonio Azorín", *José Martínez Ruiz ("Azorín"). Actes du Colloque International, Pau, 25-26 avril 1985*. Pau: Université de Pau et des Pays de L'Adour, 1986.

——: "Las cartas en la narrativa de Azorín", *Anales Azorinianos*, III (1986), 149-156.

Hoyos, Antonio de: *Yecla de Azorín*. Murcia: Patronato de Cultura de su Excma. Diputación, 1954.

Jeschke, Hans: *Die Generation von 1898 in Spanien (Versuch einer Wesens bestimmung)*. Halle: 1934. [Trad. al español por Y. Pino Saavedra, *La Generación de 1898 (Ensayo de una determinación de su esencia)*, Ediciones de la Universidad de Chile, Santiago de Chile, 1946. Hay edición de Editora Nacional, 1954.]

Jiménez, Juan Ramón: *"Antonio Azorín", Helios*, I, núm. 7 (1903).

Johnson, Roberta: "Filosofía y novelística en *La voluntad*", *Anales Azorinianos*, III (1986), 131-139.

King, Edmund L.: "Azorín y Miró: Historia de una amistad", *Boletín de la Asociación Europea de Profesores de Español*, 9 (1973), 87-106.

Krause, Anna: *Azorín, the Little Philosopher. Inquiry into the Birth of a Literary Personality*. Berkeley: University of California Publications in Modern Philology, 1948. [Versión española, Madrid, Espasa-Calpe, 1955.]

Laín Entralgo, Pedro: *La Generación del Noventa y Ocho*. Madrid: Espasa-Calpe, 1945.

Litvak, Lily: *Transformación industrial y literatura en España (1895-1905)*. Madrid: Taurus, 1980. [Traducción al español de *A Dream of Arcadia. Anti-industrialism in Spanish Literature, 1895-1905*, Texas, 1975.]

Livingstone, Leon: *Tema y forma en las novelas de Azorín*. Madrid: Gredos, 1970.

Madariaga, Pilar de: *Las novelas de Azorín. Estudio de sus temas y de su técnica*. Middlebury College, EE. UU.: Tesis doctoral inédita, 1949.

Manso, Christian: "Azorín, artículos monoveros olvidados (1906-1927)", *Anales Azorinianos*, II (1985), 65-78.

Maravall, José Antonio: "Azorín, idea y sentido de la microhistoria", *Cuadernos Hispanoamericanos,* 76 (1968), 28-77.

Martínez Cachero, José María: "Clarín y Azorín (Una amistad y un fervor)", *Archivum (Revista de la Facultad de Filosofía y Letras de Oviedo),* III (1953), 159-180.

——: *Las novelas de Azorín.* Madrid: Ínsula, 1960.

——: "Introducción". Azorín, *Las confesiones de un pequeño filósofo.* Madrid: Colección Austral, Espasa-Calpe, 1990.

Martínez del Portal, María: "Antonio Azorín, personaje de J. Martínez Ruiz", *Anales Azorinianos,* I (1983-1984), 84-97.

——: "En torno a *La voluntad.* Una carta de 1902", *Monteagudo* (Murcia), 81 (1983), 5-8.

Martínez Sierra, G.: *"Antonio Azorín", Helios,* III (1904), 277-283.

Molina, Manuel: "Glosa a la autobiografía de José Martínez Ruiz, «Azorín»", *Homenaje a Azorín,* pp. 121-126. Alicante: Instituto de Estudios Alicantinos, 1976.

Montoro, Antonio: *¿Cómo es Azorín?* Madrid: Biblioteca Nueva, 1953.

Mulertt, Werner: *Azorín (José Martínez Ruiz). Zur Kenntnis Spanischen Schrifttums um die Jahrhundertwende.* Halle: Max Niemeyer, Verlag, 1926. [Trad. al español por J. Carandell Pericay y A. Cruz Rueda, con tres apéndices nuevos, Imprenta de "El Adelanto de Segovia", 1930.]

Nadal, Eugenio G. de: *La novela española contemporánea,* I, Madrid: Gredos, 1958.

Ortega y Gasset, José: "Nuevo libro de Azorín", *El Imparcial,* 11 junio 1912. [En sus *OC,* I, 238-243.]

——: "Azorín. Primores de lo vulgar", *El Espectador,* II (1917), 73-154. [También en sus *OC,* II, 157-191.]

Ortuño Palao, Miguel: "Figuras reales de Azorín", *Homenaje a Azorín en Yecla,* pp. 123-146. Murcia: Caja de Ahorros del Mediterráneo, 1988.

——: "Yecla y sus personajes en la obra de Azorín", *Homenaje Nacional al Maestro Azorín,* pp. 47-58. Alicante: Diputación Provincial, 1972.

——: "Notas al prólogo de *La voluntad,* de Azorín", *Homenaje al profesor Juan Barceló Jiménez,* pp. 507-515. Murcia: Academia Alfonso X El Sabio, 1990.

Pageard, Robert: "Deux créateurs d'atmosphère: Gustavo Adolfo Bécquer (1836-1870) et Azorín (jusqu'a *La voluntad* principalement - 1873-1902)". *Iris* (Montpellier), 1 (1989), 109-146, y 2 (1989), 135-173.

Paniagua, Domingo: *Revistas culturales contemporáneas.* Madrid: 1964.

Pardo Bazán, Emilia: "La nueva generación de novelistas", *Helios,* III (1904).

Pavía Pavía, Salvador: *Don Miguel Amat Maestre (Pascual Verdú) y los orígenes literarios de Azorín.* Petrel: Caja de Crédito de Petrel, 1986.

——: "«Juan de Lis». Uno de los primeros seudónimos de José Martínez Ruiz", *Anales Azorinianos,* II (1985), 43-52.

——: "«Juan de Lis» y «Fray José»: Los primeros seudónimos de J. Martínez Ruiz. Año 1902", *Azorín (Programa para el traslado de los restos de Azorín desde Madrid a Monóvar, junio 1990),* pp. 95-102. Monóvar: Conselleria de Cultura, Educació y Ciència, 1990. [Es ampliación del artículo anterior.]

Payá Bernabé, José: "Ignorados artículos de Azorín en *El Motín*", *Anales Azorinianos,* III (1986), 81-117.

Pearsall, Priscilla: "Azorín's *La voluntad* and Nietzsche's «Schopenhauer as Educator»", *Romance Notes,* 25(2) (1984), 121-126.

Pérez López, Manuel M.: *Azorín y la literatura española.* Salamanca: Universidad de Salamanca, 1974.

——: "Introducción". Azorín, *Antonio Azorín.* Madrid: Cátedra, 1991.

Ramos-Gascón, Antonio: "Relaciones Clarín-Martínez Ruiz: 1897-1900", *Hispanic Review,* 42 (1974), 413-426.

Rand, Marguerite C.: *Castilla en Azorín.* Madrid: Revista de Occidente, 1956.

Reding, Katherine P.: "The Generation of 1898 as seen through its Fictional Hero", *Smith College Studies (Northanoton, Mass.),* XVIII, núms. 3-4 (1936).

Ribbans, Geoffrey: "Riqueza inagotada de las revistas literarias modernas", *Revista de Literatura,* 13 (1958), 30-47.

Ricau, Marie-Andrée: *Azorín: Structure et signification de son oeuvre romanesque.* Nice: Université de Nice, 1974.

——: "Azorín o el viaje en torno a un cuarto", *José Martínez Ruiz ("Azorín").* Actes du Colloque International, Pau, 25-26 avril 1985. Pau: Université de Pau et des Pays de L'Adour, 1986.

Rico Verdú, José: *Un Azorín desconocido. Estudio psicológico de su obra.* Alicante: Instituto de Estudios Alicantinos, 1973.

Riopérez y Milá, Santiago: *Azorín, íntegro. (Estudio biográfico, crítico, bibliográfico y antológico). (Iconografía azoriniana y epistolarios inéditos)*. Madrid: Biblioteca Nueva, 1979. [Con copiosa bibliografía y una rica colección de iconografía.]

Risco, Antonio: *Azorín y la ruptura con la novela tradicional*. Madrid: Alhambra, 1980.

Robles Egea, Antonio: "Algunos datos desconocidos sobre la evolución política del joven Martínez Ruiz (1899-1901)", *José Martínez Ruiz ("Azorín")*. *Actes du Colloque International, Pau, 25-26 avril 1985*. Pau: Université de Pau et des Pays de L'Adour, 1986.

Robles, Laureano: "Cartas inéditas de Azorín a Dorado Montero", *Anales Azorinianos*, III (1986), 221-264.

——: "Introducción", *Azorín-Unamuno*. *Cartas y escritos complementarios*. Valencia: Conselleria de Cultura, Educació i Ciència de la Generalitat Valenciana, 1990.

Rodríguez Rodríguez, Juan: *El intelectual en la narrativa de José Martínez Ruiz (1896-1904)*. Tesis doctoral. Universitat Autònoma de Barcelona: Edición Microfotográfica, 1992.

Romero, Héctor R.: "Simbolismo e impresionismo en la trilogía de Antonio Azorín", *Romance Notes*, 15 (1973), 30-36.

Ruiz Contreras, Luis: *Memorias de un desmemoriado*. Madrid: Colección Crisol, Aguilar, 1946. [Recopilación de artículos publicados en *El Español* en 1943.]

Sainz de Bujanda, Fernando: *Clausura de un centenario. Guía bibliográfica de Azorín*. Madrid: Revista de Occidente, 1974.

Sánchez Martín, Antonio: "Algunas notas sobre la crisis del positivismo en *La voluntad*, de Azorín", *Anales Azorinianos*, III (1986), 163-177.

Seco Serrano, Carlos: "Azorín en unas cartas", *Cuadernos Hispanoamericanos*, 76 (1968), 85-113.

Seeleman, Rosa: "The Treatment of Landscape in the Novelists of the Generation of 1898", *Hispanic Review*, IV (julio 1936), 226-238.

Serrano Poncela, Segundo: "Eros y tres misóginos (Unamuno, Baroja, Azorín)", *El secreto de Melibea y otros ensayos*. Madrid: Taurus, 1959.

Servodidio, Mirella d'Ambrosio: *Azorín, escritor de cuentos*. New York: Las Américas, 1971.

Solotorevsky, Myrna: "Notas para el estudio intrínseco comparativo de *Camino de perfección* y *La voluntad*", *Boletín del Instituto de Filología de la Universidad de Chile (Santiago)*, 15 (1963), 111-164.

Spires, Robert C.: "1902-1925: Martínez Ruiz (Azorín) and

Vanguard Fiction", *Siglo xx/20th Century,* 4 (1-2) (1986-1987), 55-62.

Torre, Guillermo: "La Generación española de 1898 en las revistas de su tiempo", *Nosotros,* XV (1941), 3-38.

Torres Murillo, José Luis: "Azorín, periodista", *Gaceta de la Prensa Española,* XI-XII, núm. 13 (1957), 3-42. [Un estudio sobre el periodismo de Azorín.]

Valverde, José María: *Azorín.* Barcelona: Planeta, 1971.

——: "Estudio crítico", *Artículos olvidados de J. Martínez Ruiz.* Madrid: Narcea, 1972.

Varela, Benito: "Las primeras novelas de Azorín", *Renovación de la novela en el siglo xx,* pp. 52-58. Barcelona: Destino, 1967.

Villanueva, Darío ed.: *La novela lírica, I: Azorín, Gabriel Miró.* Madrid: Taurus, 1983.

Zamora Vicente, Alonso: "Una novela de 1902", *Sur,* enero-febrero (1954), 67-78. [Incluido en *Voz de la letra.* Madrid: Espasa-Calpe, 1958.]

Zeda (Francisco Fernández Villegas): "*La voluntad,* por J. Martínez Ruiz", *La Lectura,* II, núm. 2 (mayo-agosto 1902), 264-266.

——: "*Antonio Azorín, pequeño libro en que se habla de la vida de este peregrino señor,* por J. Martínez Ruiz", *La Lectura,* III, núm. 2 (mayo-agosto 1903), 248-249.

NOTA PREVIA

A diferencia de las otras dos primeras obras literarias de José Martínez Ruiz, *Diario de un enfermo* y *La voluntad,* el texto de *Antonio Azorín* no ha sufrido mutilaciones de la censura ni modificaciones por parte del autor. Es decir, el texto de todas las ediciones es el mismo. No obstante, el descuido con que se imprimió la edición de Biblioteca Nueva, de 1939 —el texto hoy más accesible al público— lleva a erratas que cambian el verdadero sentido de algunas palabras y hacen difícil la identificación de algunos personajes históricos. El texto aquí reproducido se estableció por una comparación entre la primera edición y la segunda de *Antonio Azorín:* comparación que nos ayudó únicamente a salvar algunas erratas. No hay dificultades entonces en cuanto al problema de establecer un texto de *Antonio Azorín* fidedigno a las intenciones del autor.

1. Primera edición: Madrid, Viuda de Rodríguez Serra, 1903.

2. Segunda edición: Madrid, Renacimiento, 1913. Lleva la firma *Azorín* como todas las ediciones posteriores.

3. Tercera edición: Madrid, Caro Raggio, 1919.

4. Cuarta edición: Madrid, Biblioteca Nueva, 1939. Se han hecho varias reimpresiones de ésta.

5. En las *Obras selectas,* Madrid, Biblioteca Nueva, 1943; reimpresa en 1953 y 1962. El texto es el de la cuarta edición.

6. En el primer tomo de las *Obras completas.* Madrid, Aguilar, 1947. El texto es el de la cuarta edición.

E. I. F.

J. MARTÍNEZ RUIZ

ANTONIO
AZORIN

PEQUEÑO LIBRO

EN QUE SE HABLA DE LA

VIDA DE ESTE PEREGRINO SEÑOR

MADRID
VIUDA DE RODRÍGUEZ SERRA
FLOR BAJA, NÚM. 9

Muebles, grabados y retratos pertenecientes al escritorio de
Azorín. Casa-Museo de *Azorín*. Fundación Cultural de la Caja
de Ahorros del Mediterráneo. Monóvar (Alicante).

DEDICATORIA

Quiero dedicarle este pequeño libro a Ricardo Baroja, como prueba de amistad. Ricardo Baroja es, a mi entender, un original y ameno artista; en sus charlas he encontrado muchas sutiles paradojas y un recio espíritu de independencia. Yo siento que mi ofrenda no sea más consistente; pero la vida de mi amigo Antonio Azorín no se presta a más complicaciones y lirismos. Porque, en verdad, Azorín es un hombre vulgar, aunque La Correspondencia *haya dicho que "tiene no poco de filósofo". No le sucede nada de extraordinario, tal como un adulterio o un simple desafío; ni piensa tampoco cosas hondas, de esas que conmueven a los sociólogos. Y si él y no yo, que soy su cronista, tuviera que llevar la cuenta de su vida, bien pudiera repetir la frase de nuestro común maestro Montaigne:* Je ne puis tenir registre de ma vie par mes actions; fortune les met trop bas: je le tiens par mes fantasies. *

J. M. R.

* *Essais*, "De la vanité", libro III, cap. IX.

47

PRIMERA PARTE

I

A lo lejos una torrentera rojiza rasga los montes; la torrentera se ensancha y forma un barranco; el barranco se abre y forma una amena cañada. [1] Refulge en la campiña el sol de agosto. Resalta, al frente, en el azul intenso, el perfil hosco de las Lometas; los altozanos hinchan sus lomos; bajan las laderas en suave enarcadura hasta las viñas. Y apelotonados, dispersos, recogidos en los barrancos, resaltantes en las cumbres, los pinos asientan sobre la tierra negruzca la verdosa mancha de sus copas rotundas. La luz pone vivo claror en los resaltos; las hondonadas quedan en la penumbra; un haz de rayos que resbala por una cima hiende los aires en franja luminosa, corre en diagonal por un terreno, llega a esclarecer un bosquecillo. Una senda blanca serpentea entre las peñas, se pierde tras los pinos, surge, se esconde, desaparece en las alturas. Aparecen, acá y

---

[1] Martínez Ruiz describe el valle de Elda desde el Collado de Salinas, donde pasaba largas temporadas leyendo y escribiendo en una casa de campo perteneciente a la familia de su madre. Semejantes descripciones de este paraje, Monóvar y sus contornos abundan en los escritos en *Azorín* —sobre todo en *El Libro de Levante* (1929) y en *Memorias inmemoriales* (1946)—. Una de ellas se publicó en el *Diario de Barcelona* el 11 de septiembre de 1906 (repetida unos meses después en el semanario monovero *El Pueblo*) bajo el título "Una casa de campo", y fue añadida por Azorín como prólogo a la edición de Caro Raggio (1920) de *Las confesiones de un pequeño filósofo*, con el título "Donde escribí este libro".

allá, solitarios, cenicientos, los olivos; las manchas amarillentas de los rastrojos contrastan con la verdura de los
pámpanos. Y las viñas extienden su sedoso tapiz de
verde claro en anchos cuadros, en agudos cornijales, en
estrechas bandas que presidían blancos ribazos por los
que desborda la impetuosa verdura de los pámpanos.

La cañada se abre en amplio collado. Entre el follaje,
allá en el fondo, surge la casa con sus paredes blancas y
sus techos negruzcos. Comienzan las plantaciones de
almendros; sus troncos se retuercen tormentosos; sus
copas matizan con notas claras la tierra jalde. El collado
se dilata en ancho valle. A los almendros suceden los
viñedos, que cierran con orla de esmeralda el manchón
azul de una laguna. [2] Grandes juncales rompen el cerco
de los pámpanos; un grupo de álamos desmendrados se
espejea en sus aguas inmóviles.

A la otra parte de la laguna recomienza la verde
sabana. Entre los viñedos destacan las manchas amarillentas de las tierras paniegas y las manchas rojizas de
las tierras protoxidadas con la labranza nueva. Ejércitos
de olivos, puestos en liños cuidadosos, descienden por
los declives; solapadas entre los olmos asoman las casas
de la Umbría; un tenue telón zarco cierra el horizonte. A
la izquierda se yergue el cabezo árido de Cabreras; a la
derecha el monte de Castalla avanza decidido; se detiene
de pronto en una mella enorme; en el centro, sobre el
azul del fondo, resalta el ingente peñón de Sax, coronado de un torreón moruno.

El sol blanquea las quebradas de las montañas y
hácelas resaltar en aristas luminosas; el cielo es diáfano;
los pinos cantan con un manso rumor sonoro; los
lentiscos refulgen en sus diminutas hojas charoladas; las
abejas zumban; dos cuervos cruzan aleteando blandamente.

* * *

[2] La laguna de Salinas, que se halla cerca.

Cae la tarde; la sombra enorme de las Lometas se ensancha, cubre el collado, acaba en recia punta sobre los lejanos almendros; se entenebrecen los pinos; resaltan las bermejas hazas labradas; el débil sol rasero ilumina el borde de los ribazos y guarnece con una cinta de verde claro el verde oscuro de los viñedos bañados en la sombra.

Cambia la coloración de las montañas. El pico de Cabreras se tinta en rosa; la cordillera del fondo toma una suave entonación violeta; el castillo de Sax refulge áureo; blanquea la laguna; las viñas, en la claror difusa, se tiñen de un morado tenue.

Lentamente la sombra gana el valle. Una a una las blancas casitas lejanas se van apagando. La tierra se recoge en un profundo silencio; murmuran los pinos; flota en el aire grato olor de resina. El cascabeleo de un verderol suena precipitado; calla, suena de nuevo. Y en la lejanía el dorado castillo refulge con un postrer destello y desaparece.

* * *

Anochece. Se oye el traqueteo persistente de un carro; tintinea a intervalos una esquila. El cielo está pálido; la negrura ha ascendido de los barrancos a las cumbres; los bancales, las viñas, los almendros se confunden en una mancha informe. Destacan indecisos los bosquecillos de pinos en las laderas. La laguna desaparece borrosa. Y vibra una canción lejana que sube, baja, ondula, plañe, ríe, calla...

El campo está en silencio. Pasan grandes insectos que zumban un instante; suena de cuando en cuando la flauta de un cuclillo, un murciélago gira calladamente entre los pinos. Y los grillos abren su coro rítmico: los comunes, en notas rápidas y afanosas; los reales, en una larga, amplia y sostenida nota sonora.

Ya el campo reposa en las tinieblas. De pronto pardea a lo lejos una fogata. Y de los confines remotos llega y retumba en todo el valle el formidable y sordo rumor de un tren que pasa...

II

La casa se levanta en lo hondo del collado, sobre una ancha explanada. Tiene la casa cuatro cuerpos en pintorescos altibajos. El primero es un solo piso terrero; el segundo, de tres; el tercero, de dos; el cuarto, de otros dos.

El primero lo compone el horno. El ancho tejado negruzco baja en pendiente rápida; el alero sombrea el dintel de la puerta. Dentro, el piso está empedrado de menudos guijarros. En un ángulo hay un montón de leña; apoyadas en la pared yacen la horquilla, la escoba y la pala de rabera desmesurada. Una tapa de hierro cierra la boca del hogar; sobre la bóveda secan hacecillos de plantas olorosas y rotenes descortezados. La puerta del amasador aparece a un lado. La luz entra en el amasador por una pequeña ventana finamente alambrada. La artesa, ancha, larga, con sus dos replanos en los extremos, reposa junto a la pared, colocada en recias estacas horizontales. Sobre la artesa están los tableros, la raedera, los pintorescos mandiles de lana: unos de anchas viras [3] amarillas y azules, bordeadas de pequeñas rayas bermejas; otros de anchas viras pardas divididas por una rayita azul, y anchas viras azules divididas por una rayita parda. En un rincón está la olla de la levadura; del techo penden grandes horones repletos de panes; en las paredes cuelgan tres cerneras y cuatro cedazos de espesa urdimbre a diminutos cuadros blancos, rojos y pardos, con blancas cintas entrecruzadas que refuerzan la malla.

El segundo cuerpo de la casa tiene las paredes doradas por los años. En la fachada se abren: dos balcones en el piso primero, tres ventanas en el piso segundo. Los huecos están bordeados de ancha cenefa de yeso gris. Y entre los dos balcones hay un gran cuadro de azulejos

---

[3] *víra:* en Murcia, franja que emplean las mujeres para bordar un vestido, etc.

resguardado con un estrecho colgadizo. Representa, en vivos colores, rojos, amarillos, verdes, azules, a la Trinidad santa. El tiempo ha ido echando abajo las losetas, y entre anchos claros aparecen el remate de una cruz, una alada cabeza de ángel, el busto del Padre con su barba blanca y el brazo extendido.

El tercer cuerpo tiene una diminuta ventana y un balconcillo rebozado con el follaje de una parra que deja caer su alegría verde sobre la puerta de la casa. Esta casa la habitan los labriegos. La entrada es ancha y empedrada, jaharradas de yeso las paredes, con pequeñas vigas el techo. A la izquierda está la cocina; a la derecha, el cantarero; junto a él una pequeña puerta. Esta puerta cierra un pequeño cuarto sombrío donde se guardan los apechusques [4] de la limpieza.

El cuarto cuerpo tiene cuatro ventanas que dan luz a una espaciosa cámara, con vigas borneadas en el techo, colgada de ristras de pimientos y de horcas de cebollas y ajos, llena de simples mantenimientos para la comida cotidiana.

Enfrente de la casa, formando plazoleta, hay una cochera y una ermita.

La ermita es pequeña; es de orden clásico. Tiene cuatro altares laterales con lienzos; tiene uno central con cuatro columnas jónicas; tiene una imagen; tiene ramos enhiestos; tiene velas blancas; tiene velas verdes. En la sacristía cuelga un diminuto espejo con marco de talladas hojas de roble, y un aguamanil blanco rameado de azul pone en la pared su nota gaya. En los muros, entre viejas estampas, hay un cartel amarillento que dice en gruesas letras: *Sumario de dos mil quinientos y ochenta días de indulgencia concedidos a los que devotamente pronuncien estas palabras: "Ave María Purísima";* y abajo, a dos columnas, una nutrida lista de obispos y arzobispos. En un armario reposan antiguas casullas, bernegales con coronas de oro abiertas sobre el cristal,

---

[4] *apechusque:* de "apatusco"; en la región levantina significa un conjunto de utensilios para hacer cualquier cosa.

un cáliz con un blasón en el pie y una leyenda que dice: *Se izo en 24 de Agosto de 1714. Del Dr. Pedro Rviz y Miralles.* [5]

Junto a la cochera está el aljibe, ancho, cuadrado, con una bóveda que se hincha a flor de tierra. Las pilas son de piedra arenisca; el pozal es de madera; sobre la puertecilla destaca un cuadro de azulejos. San Antonio, vestido de azul, mira extático, cruzados los brazos, a un niño que desciende entre una nube amarillenta y le ofrece un ramo de blancas azucenas.

Detrás del aljibe hay una balsa pequeña y profunda. La cubre una parra. Es una parra joven. "Este año —según la bella frase de uno de estos labriegos tan panteístas en el fondo—, este año es el primero que trabaja." Y es laboriosa, y es aplicada, y es vehemente. Sus sarmientos se enroscan y agarran con los zarcillos al encañado, cuelgan profusos los racimos, y los redondos pámpanos anchos forman un toldo de suave color presado sobre las aguas quietas.

En el borde de la balsa hay una pila de fondo verdinegro. Las abejas se abrevan en su agua limpia. El agua nace en un montecillo propincuo, corre por subterráneos atanores de barro, surte de un limpio caño, cae transparente con un placentero murmurio en la ancha pila.

La casa es grande, de pisos desiguales, de estancias laberínticas. Hay espaciosas salas con toscas cornucopias, con viejos grabados alemanes, con pequeñas litografías en las que se explica cómo "Matilde, hermana de Ricardo de Inglaterra, antes de pronunciar su voto", etc. Hay una biblioteca con cuatro mil volúmenes en varias lenguas y de todos los tiempos. Hay una pequeña alacena que hace veces de archivo, con papeles antiguos,

---

[5] Antepasado de doña Luisa Ruiz y Maestre, madre de Martínez Ruiz. El abuelo materno procedía de Monóvar y la abuela de Petrel. Según el mismo *Azorín*, tenía un antepasado que fue hidalgo y familiar del Santo Oficio; y nos dice que conserva el nombramiento del familiar y la ejecutoria de hidalguía firmada por el rey en 1709 (cf. *Memorias inmemoriales*, cap. XIV).

con títulos de las Universidades de Orihuela y Gandía, con cartas de desposorio, con ejecutorias de hidalguía, con nombramientos de inquisidores. [6] Hay viejas cámaras con puertas cuadradas, con cerraduras chirriantes, con techos inclinados de retorcidas vigas, con lejas anchas, con armarios telarañosos que encierran un espejo roto, un velón, una careta de colmenero; con largas cañas colgadas del techo, de las que en otoño penden colgajos de uvas, melones reverendos, gualdos membrillos, manojos de hierbas olorosas. Hay graneros oscuros, sosegados, silenciosos, con largas filas de alhorines hechos de delgadas citaras. Hay un tinajero para el aceite con veinte panzudas tinajas, cubiertas con tapaderas de pino, enjalbegadas de ceniza. Hay una gran bodega, con sus cubos, sus prensas, sus conos, sus largas ringleras de toneles. Hay una almazara, con su afarje de molón cónico, y su ancha zafra, y su tolva. Hay dos cocinas con húmero de ancha campana. Hay palomares eminentes. Hay una cuadra con mulas y otra con bueyes. Hay un corral con pavos, gallos, gallinas, patos, y otro con cerdos, negros, blancos, jaros. Hay dos pajares repletos de blanda y cálida paja...

Ante la casa se abre una alameda de almendros. Cuatro, seis olmos gayan la plazoleta con su follaje. En lo hondo, sobre la pincelada verde del ramaje, resalta la pincelada azul de las montañas; más abajo, por entre los troncos, a pedazos, espejea la laguna. El cielo está diáfano. Las palomas giran con su aleteo sonoro. Y un acridio [7] misterioso chirría con una nota larga, hace una pausa, chirría de nuevo, hace otra pausa...

* * *

La entrada de la casa principal es ancha. Está enladrillada de losetas amarillentas. Hay una puerta a la derecha y otra a la izquierda; una y otra están ceñidas por

---

[6] Véase la nota anterior.
[7] *acridio:* acrídido, saltamontes.

resaltantes cenefas lisas. Recia viga, jaharrada de yeso blanco, sostiene las maderas del techo. A los lados, dos ménsulas entasadas adornan la jácena. Sobre la pared, bajo las ménsulas, resaltan los emblemas de Jesús y María.

Al piso principal se asciende por una escalera oscura. La escalera tiene una barandilla de hierros sencillos; el pasamanos es de madera; en los ángulos lucen grandes bolas pulimentadas.

La primera puerta del piso principal da paso a dos claras habitaciones: una es un cuarto de estudio, la otra sirve de alcoba.

El estudio tiene el techo alto y las paredes limpias. Lo amueblan dos sillones, una mecedora, seis sillas, un velador, una mesa y una consola. Los sillones son de tapicería a grandes ramos de adelfas blancas y rojas sobre fondo gris. La mecedora es de madera curvada. Las sillas son ligeras, frágiles, con el asiento de rejilla, con la armadura negra y pulimentada, con el respaldo en arco trilobulado. El velador es redondo; está cargado de infolios en pergamino y pequeños volúmenes amarillos. La mesa es de trabajo; la consola, colocada junto a la mesa, sirve para tener a mano libros y papeles.

La mesa es ancha y fuerte; tiene un pupitre; sobre el pupitre hay un tintero cuadrado de cristal y tres plumas. Reposan en la mesa una gran botella de tinta, un enorme fajo de inmensas cuartillas jaldes, un diccionario general de la lengua, otro latino, otro de términos de arte, otro de agricultura, otro geográfico, otro biográfico. Hay también un vocabulario de filosofía y otro de economía política; hay, además, en su edición lyonesa de 1675, el curiosísimo *Tesoro de las dos lenguas, francesa y española,* que compuso César Oudín, "intérprete del rey". [8]

---

[8] *César Oudin (¿?-1625):* gramático francés e intérprete del rey en las lenguas germánica, italiana y española. *Tesoro de las dos lenguas, francesa y española* (1607) es un diccionario elaborado en gran parte sobre textos literarios. Lo utilizaron muchos lexicógrafos para componer otros diccionarios del español.

La consola es de nogal. Los pies delanteros son ligeras columnillas negras con capiteles clásicos de hueso, con sencillas bases toscanas. Los tiradores del cajón son de cristal límpido; un gran tablero de madera se extiende a ras del suelo, entre las bases de las columnas y los pies de la mesa. Sobre esta mesa yacen libros grandes y libros pequeños, un cuaderno de dibujos de Gavarni, [9] cartapacios repletos de papeles, números de *La Revue Blanche* [10] y de la *Revue Philosophique*, [11] fascículos de un censo electoral, mapas locales y mapas generales. El cajón está repleto de fotografías de monumentos y paisajes españoles, fotografías de cuadros del museo del Prado, fotografías de periodistas y actores, fotografías pequeñas, hechas por Laurent, de las notabilidades de 1860, daguerrotipos, en sus estuches lindos, de interesantes mujeres de 1850.

Las paredes del estudio están adornadas diversamente. En la primera pared, a los lados de la puerta, hay dos grandes fotografías en sus marcos de noguera pulida: una es de la divina marquesa de Leganés, de Van Dyck; [12] otra, cuidadosamente iluminada, es de *Las Meninas*, de Velázquez.

En la segunda pared, correspondiente al balcón, cuelga una fotografía de *Doña Mariana de Austria*, de

[9] *Guillaume Gavarni (1804-1886):* dibujante francés muy apreciado en su tiempo y predilecto de Martínez Ruiz (lo menciona también en *La voluntad*). Tuvieron mucho éxito sus litografías satíricas sobre la aristocracia, y empleó su arte como propaganda en la Revolución de 1848.

[10] *La Revue Blanche:* una revista ilustrada, quincenal, que duró de 1889 a 1903. Se caracterizaba por ideas muy avanzadas en literatura, arte y sociología. Fue muy leída y comentada por los de 1898.

[11] *Revue Philosophique de la France et de l'étrange:* se fundó en 1876 y fue dirigida por Thibot. Incluía artículos sobre temas filosóficos y científicos y reseñas sobre los libros más importantes de la época. Fue de alta calidad y allí se pueden leer artículos sobre Nietzsche, Schopenhauer, el anarquismo, el marxismo, la revolución, etc.

[12] Este retrato de la marquesa de Leganés, doña Policena Spinola, hija del vencedor de Breda, es uno de los más conocidos del flamenco Van Dyck (1599-1641). Está en el Prado; la fotografía, como otras mencionadas aquí, también cuelga en la sala del Antonio Azorín de *La voluntad* (I, cap. VII).

Velázquez, con su enorme guardainfante y su pañuelo
de batista. Sobre esta fotografía se eleva, surgiendo del
marco e inclinándose sobre el retrato, una fina y dorada
pluma de pavo real; y esta pluma es como un símbolo de
esta mujer altiva, desdeñosa, con su eterno gesto de
displicencia que perpetuó Velázquez, que perpetuó Carreño, [13] que perpetuó Del Mazo. [14]

El segundo cuadro es una litografía francesa. Se titula
La Música; representa una mujer que toca un arpa.
Lleva los cabellos en dos lucientes cocas; sus mejillas
están amapoladas; sus pechos palpitan descubiertos; un
gran brial de seda blanca cae sobre el césped y forma a
sus pies un remolino airoso. Esta litografía está encerrada en un óvalo bordeado de un estrecho filete de oro; el
óvalo destaca en una amplia y cuadrada margen blanca,
y el cuadro todo está ceñido por un ancho y plano
marco negro.

Junto a él está el retrato en busto de Felipe IV, por
Velázquez. Tiene el rey austriaco ancha la cara de
mentón saledizo; sus bigotes ascienden engomados por
las mejillas fofas; pone la luz un tenue reflejo sobre la
abundosa melena que cae sobre la gola enhiesta. Y sus
ojos distraídos, vagorosos, parecen mirar estúpidamente
toda la irremediable decadencia de un pueblo.

En la tercera pared —en la que se abre la puerta de la
alcoba— hay tres cuadros. El primero es una fotografía
que lleva por título: *Guadalajara; vista de la carretera
por las entrepeñas del Tajo.* El río se desliza ahocinado
por su hondo cauce; resbala el sol por los altos peñascos
y besa las aguas en viva luminaria; y la carretera, a la
izquierda, se pierde a lo lejos, en rápido culebreo blanco,
por la estrecha garganta.

El segundo cuadro es un paisaje al óleo de un pintor

[13] *Juan Carreño de Miranda (1614-1685):* discípulo de Velázquez e
influido por él y por Van Dyck. Al llegar a ser "pintor del rey" en 1671,
bajo Carlos II, dedicó muchos cuadros a estudiar a doña Mariana, a
quien siempre retrataba vestida de monja, con expresión melancólica.
[14] *Juan Bautista del Mazo (¿?-1667):* yerno y discípulo de Velázquez,
servía de copista, demostrando poco talento como creador.

desconocido y meritísimo: Adelardo Parrilla. [15] Es una tabla pequeña. En el fondo cierra el horizonte una fronda verde y bravía; cuatro, seis álamos esbeltos se han separado del boscaje y se adelantan a mirarse en un ancho y claro arroyo; sus hojas tiemblan de placer; el cielo es de un violeta pálido, tenue. Y el agua —a través del cristal en que sabiamente está puesto el cuadro— parece que corre, irisa, palpita bajo la luz suave.

Al lado de este paisaje hay una fotografía titulada: *Salamanca; vista del seminario desde los Irlandeses.* En primer término, una baja techumbre con sus simétricas ringlas de tejas, corre de punta a punta. A la otra banda, en·los cuadros de un huertecillo y a lo largo de las paredes blancas de la cerca, se desgreña el claro boscaje de una parra y se esponjan las copas de los frutales florecidos. Más allá, entre el follaje, asoma el remate de un enorme letrero blanco: ... *SAL;* más lejos aparece otra huerta con sus bancales y su noria. Y por todas partes, sobre las albardillas, en los rincones de los patios, cabe a misteriosas ventanas, surgiendo de la oleada de casuchas que se alza, se deprime, ondula entre el ábside de los Irlandeses y el Seminario lejano, destaca la apacible copa de un árbol. Sobre los tejados negruzcos las chimeneas ponen su trazo blanco, las lumbreras se abren inquietadoras. Y en el fondo, el Seminario con sus dos cuerpos formidables, trepados por infinitas ventanas, cierra hoscamente la perspectiva. Es primavera; la verdura de los huertos no está aún tupida; resaltan alegres las paredes a la luz viva; y las torres y las cúpulas de las dos catedrales se yerguen serenas en el ambiente diáfano.

En la tercera pared —sobre la cual está adosada la mesa de trabajo— lucen otras tres litografías de la

---

[15] *Adelardo Parrilla:* pintor alicantino, discípulo de Lorenzo Casanova, tío de Gabriel Miró. Fue amigo íntimo del joven Gabriel y llegó a ser también amigo de *Azorín,* a quien retrató. Figura en el libro de Luis Pérez Bueno *Artistas levantinos* (1899), con prólogo de José Martínez Ruiz. A Pérez Bueno le dedica nuestro autor *La evolución de la crítica,* también de 1899.

misma colección que la pasada; se titulan: *La Escultura,
La Poesía* y *La Pintura*. Entre la primera y la segunda
hay colgado un zapatito auténtico de una dama del siglo
XVIII. Es de tafilete rosa, con la punta agudísima y con
el tacón altísimo de madera, aforrado en piel; tiene la
cara bordada al realce, con seda blanca.

Entre la segunda y tercera litografía penden, de rojas
cintas de seda, dos lucientes braserillos de cobre, en los
que antaño se ponía la lumbre para encender pajuelas y
cigarros. Debajo, encerrado en un patinoso marco dorado, pendiente de un viejo listón descolorido, hay un
dibujo de Ramón Casas. [16] Es una de esas cabezas de
mujeres meditativas y perversas en que el artista ha
sabido poner toda el alma femenina contemporánea.

Frente al pupitre, en sencillo marco de caoba, está
una fotografía del autorretrato de *El Greco*. Destacan en
la negrura la mancha blanca de la calva y los trazos de
la blanca gorguera; sus mejillas están secas, arrugadas, y
sus ojos, puestos en anchos y redondos cajos, miran con
melancolía a quien frente por frente a él va embujando
palabras en las cuartillas.

Las paredes del estudio son de brillante estucado
blanco; las puertas están pintadas de blanco; las placas
de las cerraduras son niqueladas; el piso, en diminutos
mosaicos a losanges azules, blancos y grises, forma una
pintoresca tracería encerrada en una ancha cenefa de
color lila. Tamiza la luz una persiana verde, y una tenue
cortina blanca de hilo vuelve a tamizarla y la difluye con
claridad suave. Reina un profundo silencio; de rato en
rato suena el grito agudo de un pavo real. Las palomas,
que en el palomar de arriba saltan y corren, hacen sobre
el techo con sus menudas patas un presto y entrecortado
ruido seco.

* * *

[16] *Ramón Casas (1886-1932):* pintor y dibujante catalán que con
Rusiñol forma la escuela bautizada *modernismo*. Nos ha dejado una
galería de contemporáneos, de sinceridad maravillosa, entre los cuales se
destacan los dibujos, muchas veces repetidos, de media figura de mujer.

La alcoba es amplia y clara. Recibe la luz por un balcón. Están entornadas las maderas; en la suave penumbra, la luz que se cuela por la persiana marca en el techo unas vivas listas de claror blanca.

Adornan las paredes cuatro fotografías de los tapices de Goya. Las esbeltas figuras juegan, bailan, retozan, platican sentadas en un pretil de sillares blancos; el cielo es azul; a lo lejos la crestería del Guadarrama palidece.

Amueblan la alcoba: una cama de hierro, un lavabo de mármol con su espejo, una cómoda con ramos y ángeles en blanca taracea, una percha, tres sillas, un sillón de reps verde.

En este sillón verde está sentado Azorín. Tiene ante sí una maleta abierta. Y de ella va sacando unas camisas, unos pañuelos, unos calzoncillos, cuatro tomitos encuadernados en piel y en cuyos tejuelos rojos pone: MONTAIGNE.

III

Azorín pasa toda la mañana leyendo, tomando notas. A las doce, cuando tocan el caracol —a menudo de bocina— para que los labriegos acudan, baja al comedor. El comedor es una pequeña pieza blanca; en las paredes cuelgan apaisados cuadros antiguos —que como están completamente negros es de suponer que no son malos—; frente a la puerta destaca un armario, en que están colocados cuidadosamente los platos, las tazas, las jícaras, guarnecidos por las copas puestas en simetría de tamaños, dominado todo por un diminuto toro de cristal verdoso como los que Azorín ha visto en el museo Arqueológico.

Sirve a la mesa Remedios. [17] Remedios es una moza

[17] La hija del administrador y mayordomo de la finca de la familia de Martínez Ruiz, Bernardo, se llamaba Remediets (cf. José Alfonso,

fina, rubia, limpia, compuesta, callada, que pasa y repasa suavemente la mano por encima de las viandas, oxeando las moscas, cuando las pone sobre la mesa; que coloca el vaso del agua en un plato; que permanece a un lado silenciosa, apoyada la cara en la mano izquierda y la derecha puesta debajo del codo izquierdo; que algunas veces, cuando por incidencia habla, mueve la pierna con la punta del pie apoyada en tierra.

Esta moza tan meticulosa y apañada —piensa Azorín— me recuerda esas mujeres que se ven en los cuadros flamencos, metidas en una cocina limpia, con un banco, con un armario coronado de relucientes cacharros, con una ventana que deja ver a lo lejos un verde prado por el que serpentea un camino blanco...

*   *   *

Después de comer, Azorín se tumba un rato. A esta siesta le llama Azorín *la siesta de las cigarras*. No porque las cigarras duerman, no; antes bien, porque Azorín se duerme a sus roncos sones.

La habitación está en la penumbra; fuera, en los olmos, comienza la sinfonía estrepitosa... Las cigarras caen sobre los troncos de los olmos lentas, torpes, pesadas, como seres que no conceden importancia al esfuerzo extraestético. Son cenicientas y se solapan en la corteza cenicienta. Tienen la cabeza ancha, las antenas breves, los ojos saltones, las alas diáfanas. Son graves, sacerdotales, dogmáticas, hieráticas. Se reposan un momento; saludan un poco desdeñosas a los árades [18] agazapados en las grietas; miran indiferentes a las hormigas diminutas que suben rápidas en procesión inter-

---

Azorín, en torno a su vida y a su obra). El autor la evoca aquí como hará en *Las confesiones de un pequeño filósofo* con *l'onque Blau,* el tío Azul, que también formaba parte de los labradores en la finca.

[18] *árades:* hemíptero arádido, o familia de hemípteros heterópteros que viven debajo de las cortezas de los árboles.

minable. [19] Y de pronto suena un chirrido largo, igual,
uniforme, que se quiebra a poco en un ris-ras ligero y
cadencioso. Luego, otra cigarra comienza; luego, otra;
luego, otra... Y todas cantan con una algarabía de
ritmos sonorosos.

IV

Azorín gusta de observar las plantas. En sus paseos
por el monte y por los campos, este estudio es uno de
sus recreos predilectos. Porque en las plantas, lo mismo
que en los insectos, se puede estudiar el hombre. Quizá
parezca tal aserto una paradoja; pero los que no creen
que sólo en el hombre se manifiesta la voluntad y la
inteligencia, es decir, los que son un poco paganos y lo
ven todo animado, desde un cristal de cloruro de sodio
hasta el *homo sapiens,* no encontrarán lo dicho paradójico.

Las plantas, como todos los seres vivos, se adaptan al
medio, varían a lo largo del tiempo en sus especies,
triunfan en la concurrencia vital. Los que se adaptan y
los que triunfan son los más fuertes y los más inteligen-
tes. Y este triunfo y esta adaptación, ¿no constituyen
una finalidad? ¿Y puede nunca ser obra del azar ciego
una finalidad, cualquiera que sea? No, la selección no es
una obra casual; hay una energía, una voluntad, una
inteligencia, o como queramos llamarlo, que mueve las
plantas como el mineral y como el hombre, y hace
esplender en ellos la vida, y los lleva al acabamiento, de
que han de surgir de nuevo, en una u otra forma,
perdurablemente.

[19] Aquí se apunta por primera vez, pero no por última (véase cap. V),
en *Antonio Azorín* el interés que demuestra el joven Martínez Ruiz en los
estudios y observaciones naturalistas. De más amplitud son los resultados de sus observaciones narrados en el capítulo XX de la primera parte
de *La voluntad,* de los cuales saca posibles lecciones para los hombres.

Así nadie se extrañe de que digamos que existen plantas buenas y plantas malas; unas poseen salutíferos jugos; otras, ponzoñas violentísimas. Pero como no hay nada bueno ni malo en sí —como ya notó Hobbes [20]— y la ética es una pura fantasía, podría resultar en último caso que las plantas no son buenas ni malas. Sin embargo, esto sería destruir una de las bases más firmes de la sociedad; la moral desaparecería. Por lo tanto, hemos de mantener el criterio tradicional: las plantas, unas son buenas y otras son malas.

Las hay también que, como muchos hombres, viven a costa del prójimo; es decir, son explotadoras, lo cual sucede, por ejemplo, con las orobancas, que crecen sobre ajenas raíces. Otras, en cambio, vienen a ser lo que las clases productoras en las sociedades humanas. Linneo llamó a las gramíneas *los proletarios del reino vegetal*. No le faltaba razón a Linneo, porque no hay entre todas las plantas otras más humildes, más laborosas, y, sobre todo, más resignadas.

Las plantas aman unas la vida libre y sacudida; otras el trato político y medido; aquéllas viven en las montañas; éstas crecen a gusto recoletas en los jardines y en los huertos. Sin embargo, así como de las familias campesinas salen a veces sutiles cortesanos, así también las plantas campestres se truecan en urbanas. Ello debe de ser, en parte al menos, obra de los hortelanos. Los hortelanos son arteros y maliciosos; ya lo dicen los viejos sainetes y los cuentecillos de las *florestas*. Con sus mañas los hortelanos persuaden a las plantas silvestres a que dejen sus parajes bravíos; les dicen que en los cuadros de los huertos lucirán más su belleza; que tendrán lindas compañeras; que, en fin, estarán mejor cuidadas. Las plantas se dejan seducir: ¿quién se resiste a los halagos de la vanidad? De las montañas pasan a los huertos, como. por ejemplo, el tomillo, que de

---

[20] *Thomas Hobbes (1588-1679)*, cuyo pensamiento político tuvo importante alcance, desarrolla la idea citada por Azorín aquí en su libro ya clásico *Leviathan*.

silvestre se convierte en *salsero;* o lo que es lo mismo, de hosco y solitario se cambia en sociable, y como tal da gusto con su presencia a las salsas y asaborea gratamente las conservas.

Sucede, sin embargo, que del mismo modo que los campesinos no logran hacerse nunca por completo a la vida de las ciudades, en las cuales parece que les falta sol y aire, y en las que se encuentran molestos por sus mil triquiñuelas, hasta el punto de que enflaquecen y se opilan, del mismo modo estas plantas selváticas que vienen a los huertos crecen en ellos desmedradas y acaban por perecer si no se las acorre oportunamente. Estos auxilios a que aludo los conocen los hortelanos: consiste en plantar entre ellas, "para ayudarlas", otras plantas alegres y animosas que les quiten las tristes añoranzas; por ejemplo, las orucas, que confortan y animan a la manzanilla; el orégano, la mejorana, la toronjina y otras tales. La higuera es también muy amiga de la ruda; el ciprés, de la avena; y así por este estilo podrían irse nombrando, si hiciera falta, muchas amistades y predilecciones de las plantas, que, como es natural, también tienen sus odios y sus desavenencias.

¿Quién contará, por otra parte, sus buenas y malas cualidades? Crea el lector que es empresa ardua, pero, con todo, intentaremos decir algo. La borraja es alegre; quien la coma puede estar seguro de tener ánimo divertido. En cambio, la berenjena trae cogitaciones malignas a quien la gusta. Dicen los autores que "es una planta de mala complexión". Sí lo es; los hortelanos, para quitarle algo de sus intenciones aviesas, plantan junto a ellas albahacas y tomillos; estas hierbas, como son bondadosas e inocentes, acaban por amansar un poco a las berenjenas.

Las espinacas y el perejil son metódicos, amigos del orden, muy apegados a la casa donde siempre han vivido y donde, por decirlo así, están vinculadas las tradiciones de sus mayores. Lo cual significa que tanto la espinaca como el perejil *"no quieren ser trasplantados"*. Esta frase es de un viejo tratadista de horticultura;

yo creo que hubiese encantado al autor de *La Voluntad de la Naturaleza,* o sea, Schopenhauer. [21]

También acompaña a estas plantas en sus ideas conservadoras la hierbabuena. Ya el nombre lo dice: es una buena hierba. Pero si no estuviera ya honrada suficientemente por su mismo nombre, habría que declarar a la hierbabuena emblema del patriotismo. No existe ninguna hierba que se aferre más a la tierra donde ha crecido; se la puede arrancar, perseguir con el arado y la azada... es inútil; la hierbabuena vuelve a retoñar indómita.

La cebolla es recia, valerosa, ardiente. Su linaje pica en ilustre; algunos pueblos remotos se dice que la adoraban, y los soldados romanos la comían para ganar fortaleza con que vencer a los pueblos extraños. De modo que se puede decir que la cebolla ha dado a los Césares el imperio del mundo. No olvidemos otro dato importante. El Rey Sabio, que recomienda en sus *Partidas* que los barcos de las escuadras lleven yeso para cegar a los adversarios y jabón para hacerles resbalar, no se olvida tampoco de encarecerles que se provean también de cebollas, porque las cebollas —dice él— les librarán del "corrompimiento del yacer de la mar".

La calabaza tiene de dúctil lo que la cebolla tiene de fuerte; pudiera decirse, sin intención malévola, que la calabaza simboliza la diplomacia. La calabaza se pliega a todo, contemporiza, transige, posee un alto sentido mimetista. Si se la pone cuando es pequeña dentro de una caña hueca, corre por dentro y toma su forma; y si se la deposita en jarros y pucheros de formas extrañas, o aun en los más humildes recipientes, también se adapta a ellos y crece según el molde.

---

[21] La traducción de estos ensayos, *Sobre la Voluntad en la Naturaleza,* de Schopenhauer, la hizo Unamuno y se publicó en los números 1-2 (marzo-abril de 1901) de *Arte Joven,* revista en que también colaboró Martínez Ruiz. El ensayo sobre la "Fisiología de las plantas" había de influir en la formulación de este capítulo. La tesis de Schopenhauer, en contra de la concepción físico-teológica del universo, es que las plantas desarrollan ciertas características, adaptándose al medio, porque *quieren* vivir; luego la voluntad es anterior a la inteligencia.

La albahaca es caprichosa; todas las plantas han de ser regadas, según la buena horticultura, por la mañana o por la tarde; la albahaca pide el riego a mediodía. Esta planta, tan ufana con su agradable aroma, parece una mujer bonita. Los viejos dicen que el olerla produce jaquecas; también las producen las mujeres bonitas.

El cilandro es apasionado; ama al anís. Dicen los labradores que es el macho del anís; así lo parece. Él ama al anís con locura, junta sus tallos a sus tallos, acaricia sus hojas, besa sus olorosos frutos pubescentes. El cilandro también es oloroso, pero su olor es hediondo. Vais a cogerlo, lo apañuscáis entre los dedos y lo soltáis aina. Ésta es una superchería del cilandro; es que no quiere ser cogido entonces, cuando está verde, cuando es joven, cuando puede gozar aún de la alegría y del amor. Dejad que envejezca, es decir, que se seque, y entonces cogedlo y veréis cómo sus frutos despiden una fragancia exquisita, que es como un recuerdo delicado de sus pasadas ilusiones.

La malva es humilde; no requiere cultivo, ni necesita ninguna clase de cuidado. Crece en cualquier sitio, y es tan modesta y tan exorable, que aun las mismas durezas y tumefacciones de los hombres ablanda. Pero con ser tan humilde, guarda esta hierba una ambición secreta y de tal magnitud, que casi se puede afirmar que es una monstruosidad. ¡Esta planta está enamorada del sol! Cuando el sol sale, ella abre sus hojas; cuando se pone, las cierra en señal de tristeza; no vive, en resolución, sino para su amado. Es el eterno caso del villano que se enamora de la princesa.

En cambio, la arrebolera tiene por el sol un profundo desprecio; cierra sus flores de día y las abre de noche. ¿Hace bien la arrebolera? Azorín cree que sí. Francisco de Rioja le dedicó una silva, y en ella aprueba su conducta en versos que parecen hechos para censurar la insana pasión de la malvada. Véase lo que dice Rioja:

¡Oh, como es error vano
fatigarse por ver los resplandores

de un ardiente tirano,
que impío roba a las flores
el lustre, el aliento y los colores!

Todas las plantas tienen, en suma, sus veleidades, sus
odios, sus amores. Las pasiones que nosotros creemos
que sólo en el hombre alientan, alientan también en
toda la Naturaleza. Todo vive, ama, goza, sufre, perece.
El ácido y la base se estrechan en la sal; el cilandro ama
al anís; el hombre ansía las bellas criaturas que palpitan
de amor entre sus brazos.

V

Las sociedades animales son tan interesantes como las
sociedades humanas. Los sociólogos las estudian con
gran cuidado. Las hormigas y las abejas se agrupan en
urbes regimentadas sabiamente; son metódicas unas y
otras, son laboriosas, son sagaces, son perseverantes,
son humildes, son industriosas. Las arañas, en cambio,
no se agrupan en sociedad jerarquizada; son los más
fuertes de todos los insectos. Los naturalistas se plañen
de su insociabilidad. Y no hay animal más difundido
sobre el planeta.

Viven bajo las aguas, como la argironeta; corren
sobre la superficie de los lagos, como el dolomelo
orlado; fabrican su morada so las piedras, como la
segestria; se agazapan en un pozo guateado de blanca
seda, como la teniza minera; se columpian en aéreas
redes, como la tejenaria. Corren, nadan, saltan, vuelan,
minan, trepan, tejen, patinan. Y en su insociabilidad
hosca tienen como mira capital, como sentido esencilií-
simo, el amor a la raza. El amor a la raza está en las
arañas sobrepuesto a todo interés peculiarísimo. La raza
ha de ser fuerte, recia, audaz, incontrastable. La hem-
bra, a este fin, devora despiadadamente al macho débil

que se le acerca a cortejarla. Y de este modo sólo los machos fuertes triunfan y legan a las nuevas generaciones su audacia y fortaleza.

¿Es un animal nietzscheano la araña? Yo creo que sí. Y entre todas las arañas hay un orden que más que ningún otro profesa en el reino animal esta novísima filosofía que ahora nos obsesiona a los hombres. Tres de estos arácnidos —Ron, King y Pic— ha estudiado Azorín pacientemente. A continuación doy, en forma amena, algunas de sus observaciones. Excúseme el lector si las encuentra deficientes, y vea sólo en estas líneas un modesto intento de contribuir al estudio de la sociología comparada.

* * *

Ron es un varón fuerte, a quien los naturalistas llaman *saltador escénico*, y dicen que es de la clase de los *aracnoides*, y aseguran que pertenece al orden de los *atidos*. Los saltadores son los más intelectuales y elegantes de los arácnidos. No son metódicos, no son extáticos. Corren, brincan, se mueven prestamente. No fabrican urdimbres donde permanecer hastiados; no labran agujeros donde esperar aburridos. Son mundanos, son errabundos. Vagan ligeros por las puertas y por las paredes soleadas. Persiguen las moscas; las atrapan saltando. Y de este modo han sabido unir a la utilidad la belleza, puesto que su caza es un deporte airoso.

Ron vive en una confortable casa; tiene catorce centímetros de larga y seis de ancha. Son de cartón sus muros, es de cristal su techumbre. El interior es blanco. Y en la blancura, Ron va y viene gallardo y se destaca intenso.

Ron es grande; mide más de un centímetro; tiene henchido el abdomen; su cuerpo parece afelpado de fina seda; sobre el fondo blanquecino resaltan caprichosos dibujos negros. Ron es ligero; tiene ocho patas cortas. Ron es polividente; tiene en la frente dos ojuelos negros, fúlgidos; y junto a éstos, a cada lado, otros dos más pequeños; y encima de éstos, sobre la testa, otros dos diminutos. Ron es nervioso; tiene dos palpos, como minúsculos abanicos de plumas blancas, que él mueve a intervalos con el movimiento rítmico de un nadador. Ron es voluble; corre por pequeños avances de dos o tres segundos; se detiene un momento; yergue la cabeza; da media vuelta; se pasa los palpos por la cara; torna a correr un poco...

Azorín cree que a Ron le ha parecido bien la nueva casa. Él ha entrado tranquilo, indiferente, impasible; luego ha dado una vuelta con el discreto desdén de un hombre de mundo. Azorín lo observaba; esta frivolidad le ha molestado un poco. Y, sin embargo, esta frivolidad no era ficticia. He aquí la prueba: Ron, *sin pensarlo*, ha dado un topetazo con una mosca que se hallaba muy tranquila en medio de la caja. La mosca se ha sobresaltado un tanto. Entonces Ron, ya vuelto a la realidad, ha advertido su presencia.

"He hecho una tontería —debe de haber pensado—; tenía aquí a mi lado una mosca y yo estaba completamente distraído." Inmediatamente ha retrocedido con cautela hasta separarse de la mosca cinco centímetros. Ha transcurrido un instante de espera. Ron se contrae, se repliega como un felino. Luego, lentamente, con suavidad, avanza un centímetro; luego, más adelante, otro centímetro; luego se para, aplanado, encogido. La mosca está inmóvil; Ron no se mueve tampoco. Transcurren treinta segundos, solemnes, angustiosos, trágicos. La mosca hace un ligero movimiento. Ron salta de pronto sobre ella y la coge por la cabeza. Esta pobre mosca se mueve violentamente, patalea estremecida de terror. No, no se marchará; Ron la tiene bien cogida. "Las moscas —debe de pensar él, que, como hombre de grueso abdomen, será conservador, y como conservador, creerá en las causas finales—; las moscas se han hecho para los saltadores; yo soy saltador, luego esta mosca ha nacido y se ha criado para que yo me la coma."

Y se la come, en efecto; pero como es un saltador

afectuoso, le da de cuando en cuando golpecitos con los palpos sobre la espalda, como queriendo convencerla de su teleología. Azorín no sabe si la mosca quedará convencida; ello es que sus patas han cesado de moverse y que Ron se la lleva a un ángulo, donde permanece quieto con ella un gran rato.

Después de comer, Ron se pasa los palpos por la cara, como limpiándosela, con el mismo gesto que los gatos; a veces se lleva también su segunda pata izquierda a la boca, como si se estuviese hurgando los dientes. Una mosca cogida por Ron tarda en morir poco más de un minuto. En la succión del tórax emplea Ron 28, 30, 33 minutos; en la del abdomen, uno o dos. Cuando el hambre no aprieta, suele desdeñar el abdomen; esto es plausible.

Ron pasea por la caja, camina boca arriba por el cristal, se deja caer y cae de pie con suave movimiento elástico. De cuando en cuando se frota los ojos con los palpos, con gesto inteligentísimo. A las moscas las percibe a 12 centímetros de distancia. Entonces se yergue gallardo como un león; alza la cabeza; pone las dos patas delanteras en el aire; las observa atento; se vuelve rápido cuando ellas se vuelven... La Naturaleza es maravillosa; estos saltadores diríase que son felinos diminutos.

Ron es audaz y feroz. Azorín ha soltado en la caja un moscardón fuerte y voluminoso. Es grisáceo; tiene cerca de dos centímetros; salta e intenta volar, y cuando cae de espaldas hace sobre el cartón un ruido sonoro de tambor. Ron, al principio, se ha azorado un poco de este estrépito. Corría velozmente; no me atrevo a decir que huía. "Este bicho —pensaría él— es demasiado grande para mí." Luego, cuando el moscardón se ha amansado, Ron, que estaba a su derecha, ha descrito un perfecto medio círculo y se ha colocado frente a frente de su adversario. Entonces el moscardón se ha movido, y Ron ha desandado el camino recorrido. Después ha tornado a describir el medio círculo, y como el moscardón se estuviese quedo, se ha lanzado contra él audazmente.

He dicho que Ron es feroz; añadiré que no tiene ni un átomo de piedad. Esto de la piedad es cosa para él totalmente desconocida. Azorín ha metido en la caja un saltador joven, casi un niño, a juzgar por su aspecto, puesto que caminaba lentamente y apenas sabía hacer nada. Pues bien, a la mañana siguiente, Azorín ha visto que los despojos de este saltador pendían de una de las paredes; lo cual indica que Ron lo había devorado durante la noche.

Ha soltado también Azorín en la caja una tejenaria, o sea una de esas arañas domésticas de largas patas. ¿Qué ha sucedido con esta tejenaria? Lo primero que ha hecho esta araña es fabricar una tela en medio de la caja, seguramente con la esperanza de que en ella caiga una mosca, cosa asaz absurda, porque las moscas son para Ron, según su filosofía teleológica. En su tela permanecía inmóvil la tejenaria; cuando se daba un golpecito sobre el cristal se agitaba en un baile frenético. Así ha permanecido dos días, y al fin ha sucedido lo que había de suceder, es decir, que Ron ha devorado también a la tejenaria.

He de declarar que Ron tiene una cama. Esta cama es como una especie de hamaca, que él ha colgado en un rincón; en ella dormita algunos ratos después de haber comido.

Cuando se despierta vuelve a sus paseos. El suelo está sembrado de cadáveres. Al principio, Ron veía uno de estos cadáveres y los creía cuerpos vivos; esto era una desagradable sorpresa. Azorín ha observado que en una ocasión, para evitar decepciones, Ron se ha aproximado con discreción a un cadáver y ha alargado una pata y lo ha tocado ligeramente para averiguar si estaba muerto o vivo.

* * *

King es más chico que Ron. Es delgado y negro; los palpos los tiene también negros y sin plumas, con una rayita blanca en la base. Vive en una casa más pequeña.

King ha probado a correr por el cristal y no podía. Luego se ha comido dos moscas y se deslizaba por él perfectamente. Sin duda, este saltador hacía tiempo que no encontraba moscas en su camino y estaba, por consiguiente, bastante débil.

King tarda en matar una mosca un minuto y 45 segundos. En sorber el tórax emplea 31 minutos; desdeña el abdomen. King, como todas las arañas, ama la noche. Aplacado su apetito, mira indiferente a las moscas que corren por la caja; pero a la mañana siguiente, todas, sean las que fueren, aparecerán muertas.

* * *

Pic es el más pequeño de todos y el que más ancha casa habita. Pic mide medio centímetro; tiene también negros los palpos, y el cuerpo es a rayas pardas y blancas, que le cogen de arriba abajo, como esos bellos trajes del Renacimiento italiano.

Es, indudablemente, Pic un niño de estirpe principesca. Es gallardo, vivo; se yergue hasta poner en el aire las cuatro patas anteriores; sube por las paredes, y corre, seguro, por el cristal; da, de cuando en cuando, rápidos saltitos; se deja caer del techo, y permanece un instante balanceándose cogido a un hilo tenue.

Cuatro moscas le han sido puestas en la caja; cuando se encuentra con alguna, huye azorado. "Decididamente —ha pensado Azorín—, es muy niño aún este saltador para atreverse con una mosca." Toda la tarde ha estado Pic sin tocarlas; a la mañana siguiente, cuando Azorín ha ido a ver qué tal había pasado Pic la noche, ha encontrado las cuatro moscas difuntas.

Porque Pic será pequeño, pero tiene arrestos. Una mosca yace patas arriba en medio de la caja; Pic se acerca, creyéndola, sin duda, muerta; la mosca suelta una patada; Pic se queda atónito. Después se vuelve a acercar y la torna a tocar en el ala; la mosca rebulle y se pone en pie. He aquí un terrible compromiso; pero Pic no se arredra. Al contrario, salta sobre ella tratando de cogerla; la mosca, como es natural, es esquiva. Al fin, Pic la coge por la cabeza, y entonces, como Pic es pequeñito y la mosca tiene mucha fuerza, arrastra la mosca a Pic y lo lleva un momento revolando por el aire. Pero Pic no la suelta y logra afianzarla en un rincón, donde la mosca permanece cuatro minutos pataleando, y al cabo sucumbe. [22]

VI

Azorín, cansado de los insectos y de las plantas, se ha venido a Monóvar.

La casa que Azorín habita en Monóvar está en la calle del Bohuero, esquina a la de Masianet, en lo alto de la pendiente sobre que el pueblo se asienta, en limpia hilera de viviendas bajas, en un barrio silencioso, blanco, soleado. La casa de Azorín tiene una fachada pe-

---

[22] Este capítulo se publicó primero como artículo con el título "Sociología comparada-Las arañas", en *El Globo* (17-II-1903). Luego, en 1904, publicó *Azorín* en el periódico *España* uno semejante sobre "Las hormigas" y dos más con el título general de "Los gestos ejemplares": "El de la araña" y "El de las avispas" (recopilados los tres en *Fantasías y devaneos, OC,* IV). Martínez Ruiz era gran lector de los naturalistas. En este capítulo detectamos posibles influencias y ejemplos de Schopenhauer, en los ensayos mencionados; de Darwin, en *El origen de las especies* y *La expresión de las emociones,* libros que hemos visto personalmente en la biblioteca de *Azorín* en Monóvar; de *Los enigmas del Universo,* de Ernest Haeckel, también en la biblioteca monovera. Montaigne, cuyo ensayo "Apologie de Raimond Sebond" lee y cita *Azorín* a menudo, también está presente. El ensayista francés proclama la superioridad de los animales sobre los hombres por la manera en que dominan el ambiente en que viven. Martínez Ruiz también cita de la famosa obra de Lamarck *Philosophie zoologique* en *La voluntad.* Todos estos naturalistas han influido en el joven escritor y le han educado en la entomología. No obstante, en el caso bajo consideración, más interesante es una comparación con la obra de Maurice Maeterlinck, autor traducido por el joven Martínez Ruiz y muy apreciado por él, *La vie des abeilles* (1901), libro cuyo aparato de observación y enfoque sociológico son muy parecidos al estudio incluido aquí.

queña, jaharrada de albo yeso, con dos ventanas diminutas. Desde la esquina se divisa abajo, al final de la
calleja, el boscaje de un huerto, una palmera que arquea
blanda sus ramas, una colina que se perfila sobre el azul
luminoso del cielo.

La entrada de la casa está pavimentada con grandes
losas cuadradas; la amueblan seis sillas de esparto y una
mesita de pino. En un ángulo está el cantarero, que es
una gran losa, finamente escodada, empotrada en la
pared y sostenida por otras dos losas verticales. Encima
del cantarero se yerguen cuatro cántaros, y encima de
cada cántaro, acomodadas en su ancha boca, cuatro
alcarrazas que rezuman en brilladoras gotas. Y hay
también una tinaja con una tapadera de palo, y un
pequeño lebrillo puesto en un soporte que está clavado
en el centro de un pintoresco cuadro de azulejos, y una
toalla limpia que cuelga de la pared y flamea al viento
que se cuela del patio.

El cual patio está también enlosado y tiene una
cisterna en un ángulo, que recibe sus aguas de un canal
de latón que recorre el borde del tejado, que desciende
por la pared, que llega a una pila repleta de menuda
grava por donde las aguas se filtran y bajan en un claro
raudal a lo profundo. Una parra se enrosca a un vari-
llaje de hierro, extiende su toldo verde, festonea un
balconcillo de madera. A este balcón es al que se asoma
Azorín de cuando en cuando, porque es el de su cuarto,
y aquí en este cuarto es donde él pasa sus graves
meditaciones y sus tremebundas tormentas espirituales.

Azorín se sienta, lee un momento, baja, sale, también
de cuando en cuando, a la puerta. Salir a la puerta es
una cosa que no se puede hacer en Madrid; es una de las
pequeñas voluptuosidades de provincias. Salir a la puerta es asomarse, un poco indeciso, un poco hastiado,
mirar al cielo, escupir, saludar a un transeúnte, auparse
el pantalón... y volverse adentro, hasta otra media hora,
en que volver a salir, también cansado, también indeciso, a escudriñar la monotonía del cielo y la soledad de la
calle.

Otras veces Azorín permanece largos ratos en una
modorra plácida, vagamente, traído, llevado, mecido
por ideas sin forma y sensaciones esfumadas. Cerca, en
la casa de al lado, hay un taller de modistas, y a ratos
estas simples mujeres cantan largas tonadas melancóli-
cas, tal vez acompañadas por la guitarra de un visitador
galante. Y las voces frescas y traviesas vuelan junto a las
voces serias y graves, que las persiguen, que las amones-
tan, que reclaman de ellas cordura, mientras las notas de
la guitarra, prestas, armoniosas, volubles, se mezclan
agudas en los retozos de las unas, se adhieren profundas
a los consejos de las otras.

Y Azorín escucha a través de su letargo este concierto
de centenarias melodías, este concierto de melodías tan
dulces, tan voluptuosas, que traen a su espíritu consoladoras olvidanzas.

VII

Entonces, cuando una débil claridad penetra por las
rendijas de la ventana, se oye sobre la canal de latón,
que pasa sobre ella, un traqueteo sonoro, ruido de
saltos, carreras precipitadas, idas y venidas afanosas. Y
los trinos alegres se mezclan a este estrépito y sacan a
Azorín de su sueño. Todo está aún en silencio. La calle
reposa. Y de pronto suena una campana dulce y aguda:
en el umbral de una puerta aparece una vieja vestida de
negro con una sillita en la mano. El cielo está azul; en lo
hondo, las palmeras del huerto destacan sus ramas
péndulas; detrás aparecen los senos redondos de la
colinita yerma.

Ya los pardillos han descendido del tejado hasta el
patio. Desde la parra caen rápidos sobre las losas del
piso y corren a saltitos comiendo las migajas que Azorín
ha esparcido por la noche. Cacarea a lo lejos un gallo;

suena el grito largo de un vendedor; se oye sobre la
acera el rasear de una escoba. Y la campana vuelve a
llamar con golpes menuditos.

La ciudad ha despertado. Tintinea a lo lejos una
herrería, y unos muchachos se han sentado en una
esquina y tiran contra la pared, jugando, unas monedas.
El sol reverbera en las blancas fachadas; se abre un
balcón con estrépito de cristales. Y luego, una moza se
asoma y sacude contra la pared una escoba metida en
un pequeño saco. Cuatro o seis palomas blancas cruzan
volando lentamente; al final de la calleja, bañada por el
sol, resalta la nota roja de un refajo. Y en el horno
cercano comienza el rumor de comadres que entran y
salen con sus tableros en la cabeza. Se percibe un grato
olor a sabina y romero quemados; una blanca columna
de humo surte del tejado terrero; parlan a gritos la
hornera y las vecinas. Y una campana tañe a lo lejos con
lentas, solemnes vibraciones.

La ciudad está ya en plena vida cuotidiana. Se han
abierto todas las puertas; los carpinteros trabajan en sus
amplios zaguanes alfombrados de virutas; van las mozas
con sus cántaros a coger el agua en las fuentes de rojo
mármol, donde los caños caen rumorosos. Y de cuando
en cuando, al pasar junto a un portal, se oye el traqueteo ligero de los bolillos con que las niñas urden la fina
randa.

VIII

Hoy Azorín ha causado un pequeño desorden en una
casa. Lo ha hecho sin querer. Él iba tranquilamente por
una calle cuando ha levantado la cabeza, y ha visto en
un balcón a un amigo. Este amigo suyo, a quien hacía
mucho tiempo que no veía, le ha llamado. ¿Cómo
negarse a los requerimientos de la amistad? No era

discreto negarse, tanto más cuanto este amigo es un excelente pianista, y Azorín se ha regodeado ya por adelantado con unos cuantos fragmentos de buena música.

Tenía razón en sus augurios. Después de saludarse los dos antiguos amigos y hablar de algo, aunque no tenían que decirse nada (cosa que ocurre casi siempre que se encuentran dos amigos al cabo de largos años); después, digo, de cambiar cuatro frivolidades, Azorín ha rogado a su amigo que tocase. Este amigo ha titubeado algo antes de sentarse al piano. ¿Por qué dudaba? No sería porque Azorín le infundiese respeto; Azorín es un hombre vulgar, aunque escriba todo lo que quiera en los periódicos (o por eso mismo de que escribe); las perplejidades de su amigo obedecían a otra causa; ya se dirá después.

Sin embargo, el amigo ha abierto el piano; luego se ha atrevido a preludiar unas notas. Digo que se ha atrevido, porque también antes de poner los dedos en el teclado parecía irresoluto, bien así como si fuese a cometer una enormidad. Pero si era una enormidad, al fin ha sido cometida. Y bien cometida. Porque el pianista ha tocado un concierto de Humel (ópera [23] 83, hay que ser precisos); luego la sinfonía de *El Barbero de Sevilla* (que al maestro Yuste [24] gustaba tanto y que Azorín ha oído profundamente conmovido); y, por último, los dedos seguros y expertos del pianista han hecho brotar las notas enérgicas, altivas, con que comienza el conocido concierto de Chopin en *mi menor*...

Yo no voy a expresar ahora lo que Azorín ha sentido mientras llegaba a los senos de su espíritu esta música delicada, inefable. El mismo epíteto que yo acabo de dar a esta música me excusa de esta tarea: *inefable,* es decir, que no se puede explicar, hacer patente, exteriorizar lo que sugiere.

---

[23] *ópera:* uso anticuado y provinciano por *opus.*
[24] Yuste es el maestro de Antonio Azorín en *La voluntad.* Tenía predilección por la música de Rossini y Chopin.

Cuando ha terminado de tocar el pianista, él y Azorín han hablado de otras cosas indiferentes, y luego Azorín se ha retirado.

¿Dónde está el escándalo?, preguntará el lector. El escándalo está en que en esta casa se haya tocado el piano. Es muy difícil explicar a un lector cortesano, o sea a un hombre que vive en una gran ciudad, donde los dolores son fugitivos, el ambiente de dolor, de tristeza, de resignación, casi agresiva —y pase la antítesis— que se forma en ciertas casas de pueblo cuando se conlleva un duelo por la muerte de un deudo. El deudo que ha muerto aquí es lejano y hace muchos meses que ha muerto. Durante todos estos meses el piano ha permanecido cerrado.

Esta tarde ha sido la primera vez que se ha abierto; no podía negarse el amigo a la recuesta del amigo. ¿Hubiera sido ridículo? Hubiera sido ridículo; pero, en cambio, lo que ha sucedido ha sido trágico. Estas notas de los grandes maestros han resonado audazmente en toda la casa; desde el fondo de las habitaciones lejanas, las mujeres enlutadas —esas mujeres tristes de los pueblos— oirían llenas de espanto y de indignación las melodías de Chopin y Rossini. Una ráfaga de frescura y sanidad ha pasado por el aire; algo parecía conmoverse y desgajarse...

Y yo siento, al llegar aquí, el tener que dolerme de que las palabras a veces sean demasiado grandes para expresar cosas pequeñas; hay ya en la vida sensaciones delicadas que no pueden ser expresadas con los vocablos corrientes. Es casi imposible poner en las cuartillas uno de estos interiores de pueblo en que la tristeza se va condensando poco a poco y llega a determinar una modalidad enfermiza, malsana, abrumadora.

He aquí dos seres humanos que viven en un caserón oscuro, que van enlutados, que tienen las puertas y las ventanas cerradas, que mantienen vivas continuamente unas candelicas ante unos santos, que rezan a cada campanada que da el reloj, que se acuerdan a cada momento de sus difuntos. Ya en esta pendiente se

desciende fácilmente hasta lo último. Lo último es la
muerte. Y la muerte está continuamente ante la vista de
estos seres. Un día, una de estas mujeres se siente un
poco enferma; suspira; implora al Señor; todos los que
la rodean suspiran e imploran también. Ya ha huido
para siempre la alegría. ¿Es grave la dolencia? No, la
dolencia está en el medio, en la autosugestión; pero esta
autosugestión acabará por hacer enfermar de veras a
esta doliente y a todos los de la casa.

Así pasan dos o tres meses, y se va viendo que la
enferma va empeorando. Las pequeñas contrariedades
parecen obstáculos insuperables: un grito ocasiona un
espasmo; la caída de un mueble produce una conmoción
dolorosa... No se sale ya de casa; las puertas están
cerradas día y noche; se anda sigilosamente por los
pasillos. De cuando en cuando un suspiro rasga los
aires. Y parece que todo el mundo se viene encima
cuando hay que ponerse en contacto con la multitud y
salir a evacuar un negocio en que es preciso hablar,
insistir, volver, porfiar.

La autosugestión hace entre tanto su camino; la enferma, que ya andaba poco, acaba por no moverse de su
asiento. ¿Para qué pintar las diversas gradaciones de
este proceso doloroso? En todos los pueblos, en todos
estos pueblos españoles, tan opacos, tan sedentarios, tan
melancólicos, ocurre lo mismo. Se habla de la tristeza
española, [25] y se habla con razón. Es preciso vivir en
provincias, observar el caso concreto de estas casas,
para capacitarse de lo hondo que está en nuestra raza
esta melancolía.

Bastaría abrir las puertas y dejar entrar el sol, salir,

---

[25] La tristeza del pueblo español fue analizada por muchos escritores
de la época. El mismo Martínez Ruiz publicó un largo artículo, "La
tristeza española", en el único número de *Mercurio* (III-1901), un
periódico hecho totalmente por el futuro Azorín y Baroja a raíz de su ya
muchas veces comentada visita a Toledo en diciembre de 1900. El
artículo llegó a ser incluido, algo ampliado, en *La voluntad* (II, cap. IV).
"La tristeza española" es uno de los temas más recurrentes en *Antonio
Azorín*.

gritar, chapuzarse en agua fresca, correr, saltar, comer grandes trozos de carne, para que esta tristeza se acabase. Pero esto no lo haremos los españoles; y mientras no lo hagamos, las notas de un piano pueden causar una indignación terrible.

Esto es lo que ha ocurrido en la casa del amigo de Azorín. Azorín lo siente y se explica ahora por qué el piano estaba lleno de polvo y por qué la lámpara eléctrica no tenía bombillas.

IX

Esta pieza, donde la buena vieja está siempre sentada, es el comedor. Este comedor tiene las paredes cubiertas con papeles que representan un bosque, una catarata cruzada por un puentecillo rústico, una playa de doradas arenas, en las que aparece encallada una barquichuela. En un ángulo hay una rinconera con un loro disecado; en el otro ángulo hay otra rinconera con un despertador que siempre marcha con su tic-tac monótono. Yo creo que este tic-tac y el loro, que se inclina inmóvil sobre su alcándara, son los únicos compañeros de la pobre vieja.

¿Qué hace esta vieja? La casa es pequeña y oscura; la puerta siempre está cerrada; no entra ni sale nadie. Por la mañana la vieja se levanta y suspira: "¡Ay, Señor!" Luego se sienta en el comedor, junto a la ventana que da al solitario y diminuto patio. Allí coge una media que está haciendo y se pone a trabajar. Suenan campanadas lejanas; la vieja vuelve a suspirar. ¿Por qué suspira? Hace diez años que vive así; no se sabe para qué vive. Ella no hace más que pensar en que se ha de morir; lo piensa todos los días y en todos los momentos desde hace diez años, que fue cuando "faltó" su marido. Si oye unas campanadas se acuerda de la muerte; si ve una

carta de luto se sobresalta un poco; si dicen en su
presencia: "¡Caramba!, yo creía que se había usted
muerto", entonces se pone pálida y cierra los ojos... Por
eso lo mejor que ha hecho es no salir de casa para no ver
a nadie ni oír nada: sólo sale de tarde en tarde a alguna
novena. Aquí, dentro de casa, está completamente sola;
ya sus antiguas amigas se han muerto; no tiene tampoco
hijos. Y, sin embargo, a pesar de que no ve a nadie ni
oye nada, ella se acuerda siempre de la deuda terrible.
Esta es la causa de que esté suspirando desde por la
mañana hasta por la noche.

Cuando llega la noche, la vieja enciende una capuchina y la pone sobre la mesa. En el recazo de esta
capuchina hay unos fósforos usados; de estos fósforos
coge uno la vieja, lo enciende en la capuchina, y luego
enciende un poco fuego, en el que hace su cena. No es
mucho lo que cena: cena lo bastante para pasar la vida
—esta vida que al fin, tarde o temprano, se ha de
acabar. Esto es lo que piensa también la vieja; y entonces suspira otra vez: "¡Ay, Señor!"

Luego que ha cenado, reza unas oraciones. Termina-
das las oraciones, coge la lamparilla y se dirige a *la sala,*
y entra en la alcoba. En la alcoba hay una cama grande
de madera pintada; hay también un cuadro que representa a la Divina Pastora. La vieja reza un poco ante
este cuadro. Y luego se acuesta, y se duerme pensando
que esta noche acaso sea la última de su vida.

* * *

Esta tarde la vieja ha ido a la novena. Es una novena
que le hace a San Francisco. Delante de la iglesia se abre
una plazoleta plantada de acacias; en el fondo luce un
huerto con frutales y palmeras.

San Francisco cae por octubre. Los pámpanos comienzan a amarillear; sopla el viento por las noches y
hace gemir una ventana que se ha quedado abierta; el
cielo se cubre de nubes plomizas, y llueve de cuando en
cuando en largas cortinas de agua.

La vieja, sin embargo de que hace mal tiempo, ha salido a la novena. Mejor hubiera sido que no lo hubiera hecho, porque en la puerta de la iglesia le han dado una mala noticia.

—¿Sabe usted? Don Pedro Antonio se ha muerto...

La vieja se ha puesto pálida. Don Pedro Antonio estaba muy viejo; ella también está muy vieja; luego puede morirse lo mismo que él cualquier día. Sin embargo, recapacita y dice que don Pedro Antonio padecía de muchos achaques y era natural que se muriera.

Después pregunta de qué se ha muerto, y le contestan que se quedó de pronto frío porque le faltó el aire, es decir, que se ahogó. Entonces la vieja piensa que ella padece también de asma y que bien puede suceder que un día le falte el aire como a don Pedro Antonio.

Ya no le hace provecho la novena. La vieja está muy triste; no somos nada; en un momento podemos vernos privados de la vida. "Señor, Señor —dice la vieja—, ¿por qué pones ante mí la muerte a todas horas? Ya que me he de morir, llévame de este mundo sin angustias y sin sobresaltos."

Pero el Señor no oye a la pobre vieja. A la mitad de la novena sale de la sacristía un monaguillo que lleva un farol y va tocando una campanilla; detrás viene un clérigo con el Viático. Es que van a llevárselo a un enfermo que agoniza... La vieja al verlo sufre una gran conmoción. Y vuelve a suspirar y a invocar al Señor, mientras entre sus dedos secos van pasando los granos del rosario.

De que se ha terminado la novena vuelve a su casa la vieja. Algunas veces se detiene en la puerta charlando un momento; pero esta tarde está tan triste por las emociones recibidas, que no tiene gusto de hablar con nadie.

* * *

Este año ha apedreado. El aparcero que lleva las tierras de la vieja ha venido y se lo ha dicho. Ella ya había visto caer los granizos en su patio, a través de la ventana del comedor. Las tierras son muy pocas; ella, verdad es que necesitaba muy poco para vivir. Pero este año, ¿qué va a hacer? ¿Quién la socorrerá? El tic-tac del reloj suena monótono; el loro la mira con sus ojos de vidrio. La vieja piensa en su soledad y en su tristeza. Todas las pequeñas contrariedades que ha ido sufriendo durante diez años vienen ahora a condensarse en una catástrofe grande.

Hace un día nublado; la vieja deja la media en el pequeño tabaque de mimbre y se pone a mirar al cielo —a este cielo que le ha apedreado sus viñas—. Pero es muy breve el tiempo que permanece mirándolo, porque de pronto suenan en la calle unos cantos terribles. ¿Qué son estos cantos? Son sencillamente los responsos que van echándole a un muerto que llevan a enterrar. Al oírlos, la vieja siente que un gran terror se apodera de todo su cuerpo. No, no; esos cantos no son para el muerto que pasan por la calle, sino para ella. Y entonces se recoge en su asiento, toda arrugadita, toda temblorosa, y llora como una niña.

Cuando se ha hecho de noche, la vieja se ha levantado y ha encendido la capuchina. Sonaban, unas largas, otras breves, las campanadas del Angelus, y ella ha rezado sus habituales oraciones a la Virgen. Después de estos rezos, ella tiene por costumbre hacer la cena; pero esta noche no la ha hecho. No tenía apetito; era tan grande su dolor, que no tenía ganas ni siquiera de abrir la boca. De modo que después de rezar otra vez se ha dirigido a la sala. En la sala ha tenido una tentación. ¿Por qué no decirlo? Sí, ha tenido una tentación; es decir, ha querido mirarse al espejo. ¿Estará ella tan vieja como piensa? ¿Se podrá colegir por el aspecto de su cara si ha de vivir aún algunos años? Ello es que ha ido a mirarse al espejo; pero valiera más que no hubiese ido. Cuando ha acercado la luz al cristal ha visto una araña que corría por él. La araña era pequeñita; pero tal susto se ha llevado, que por poco si deja caer la lamparilla. Y ahora sí que ha sentido que este presagio le anunciaba que todo iba a acabar para ella. [26] ¿Cuándo? Acaso esta noche.

Con estas ideas se ha quedado dormida.

Cuando a la mañana siguiente han llamado para llevarle el pan, viendo que no habría, han tenido que forzar la puerta.

La vieja estaba muerta en su cama. Tal vez había tenido alguna espantosa pesadilla. [27]

X

Este viejo está llorando. Este viejo tiene un bigote blanco, recortado, como un pequeño cepillo; viste un pantalón a cuadritos negros y blancos; lleva unos lentes colgados de una cinta negra; se apoya en un bastón de color de avellana, con el puño de cuerno, en forma de pata de cabra. Este viejo llora de alegría. Se ha pasado toda su vida en el teatro; cuando vio su fortuna deshecha se vino al pueblo. Aquí ha organizado una compañía de aficionados; no podía estarse quieto. Esta noche es la primera que trabajan.

El viejo va y viene con pasito ligero y menudo por el escenario, entra en los cuartos de los cómicos, sube al telar, desciende al foso. Lleva en la mano un libro delgado; de cuando en cuando se para bajo una luz y lee un poco; otras veces se dirige a un carpintero que da fuertes martillazos y le dice:

—No, ese árbol no debe ir aquí. ¿No comprende usted que colocar un árbol aquí es un absurdo?

El carpintero no comprende que colocar un árbol allí es un absurdo, pero lo coloca en otra parte; lo mismo le da a él.

[26] Azorín se aprovecha del mismo presagio de la muerte en *La arañita en el espejo,* de la trilogía teatral *Lo invisible* (1927).

[27] Este capítulo y los dos que siguen (X y XI) se publicaron íntegros y sin cambios, bajo·el título "Viejos de pueblo", en *La Lectura* (II-1903).

Después el viejo da con el libro en una mano fuertes golpes y llama:

—¡Pedro! ¡Pedro!... A ver, que suban una verja para el fondo del jardín.

Pedro dice que no hay ninguna verja.

Entonces él replica que sí, que acaba de verla. ¿Cómo puede haberla visto si no la hay? Así lo afirma Pedro, pero, sin duda, Pedro está trascordado, porque el viejo insiste en que él la ha visto. Y se va corriendo hacia el foso y baja las escaleras a saltitos.

Llega al foso, y, efectivamente, no hay verja. Lo que hay es una empalizada de un huerto. Esto le contraría un poco al viejo; pero, en fin, acuerdan poner la empalizada. La realidad escénica padecerá con este detalle; pero, después de todo, si se piensa bien, puede haber jardines que tengan empalizada.

El viejo deja el bastón y se pone a arreglar la escena. Cuando está subido en una escalera vienen a llamarlo porque un actor necesita saber si se ha de poner bigote o ha de salir todo afeitado. Entonces el viejo que ha visto a Azorín allí cerca le llama y le dice:

—Azorín, haga usted el favor de sostener *esto* mientras yo voy un momento a ver lo que quieren.

Luego vuelve rápidamente, con un paso menudo.

—¡Parece mentira —exclama—, no saber que en el siglo XVIII iba todo el mundo afeitado!

Como la empalizada ha quedado ya en su sitio y está lista la escena, el viejo sacude las manos una contra otra, toma el bastón y se retira hacia el fondo.

—Azorín —dice respirando holgadamente—, ¡qué gratos recuerdos guardo yo del teatro! ¡Qué cosas podría yo contarle a usted! ¿Usted no ha conocido a Pepe Ortiz?[28] No; usted no ha conocido a Pepe Ortiz. Era un actor excelente. Esta cadena la llevó él una semana. Mírela usted; tóquela usted.

El viejo, con un gesto rápido, se quita la cadena. Es

[28] *José Ortiz:* actor nacido hacia mediados del siglo XIX en Manila, de origen español. Tuvo poca fama.

una cadena de oro, compuesta de dos finos ramales
juntos; tiene pendiente del sujetador un medallón cuadrado. Azorín examina la cadena. Luego el viejo se la
vuelve a poner y dice:

—Una tarde fuimos los dos a una joyería de la calle
de la Montera a comprar cada uno una cadena; nos
sacaron varias, pero entre todas nos gustaron dos de
ellas. A los dos nos gustaban las dos, y no sabíamos por
cuál decidirnos. Al fin, Pepe Ortiz tomó una y yo tomé
otra. Pero al cabo de una semana encontré a Ortiz y me
dijo que mi cadena le gustaba más que la suya; entonces
yo le di la mía y el me dio la suya, que es ésta...

Vienen a decirle al viejo que todos los actores están
dispuestos para comenzar la función. Él da la orden de
que principie a tocar la orquesta. Y como desea echar
una última ojeada a la escena, inclina la cabeza y se
pone los lentes con un movimiento rápido. A lo lejos
columbra a un cómico que espera reclinado en un
bastidor, y se dirige a él dando saltitos automáticos.

—Cuidado —le advierte— cuando recite usted aquello de

> Feliz tú, que en lo profundo
> de aquel bendito rincón...

dígalo usted con brío, con cierto énfasis.

Luego vuelve al lado de Azorín. El telón se ha levantado. El viejo dice:

—¿Usted conoce esta obra? Es preciosa; yo se la
vi estrenar a Caltañazor, a Becerra, a la Ramírez, a la
Di Franco,[29] que entonces era una niña... Campro-

---

[29] *Vicente Caltañazor* (1814-1895) fue el tenor cómico cuyo ingenio y
talento mantuvieron la gloria de la zarzuela en la segunda mitad del
siglo XIX; *Joaquín López Becerra* (n. 1824), que también cantaba ópera,
fue el bajo más elogiado; *Amalia Ramírez* (1835-1918) llegó muy joven a
ser considerada la mejor tiple de la zarzuela; también tuvo mucho éxito
como cantante de ópera, y *Clárice Di Franco* (n. 1833 y hermana de otra
tiple, Carolina Di Franco). Todos pertenecían a la compañía de zarzuela
del teatro del Circo en sus años de auge en torno a 1850. La zarzuela a

dón [30] tenía mucho talento. Yo conocía también a su mujer, doña Concha... Él y yo tomábamos muchas tardes café juntos en el de Levante. [31] ¿Sigue aún ese café, querido Azorín?

Azorín contesta que aún dura ese café. De pronto estalla en la sala una larga salva de aplausos. Y el viejo tiende los brazos hacia Azorín, lo abraza y llora en silencio.

XI

Éstos son unos viejos, muy viejos. Llevan un pantalón negro, un chaleco negro, una chaqueta negra de terciopelo. Esta chaqueta es muy corta. Ya casi no quedan en el pueblo más chaquetas cortas que las de estos viejos labriegos. Van encorvados un poco y se apoyan en cayados amarillos. ¿En qué piensan estos viejos? ¿Qué hacen estos viejos? Al anochecer salen a la huerta y se sientan sobre unas piedras blancas. Cuando se han sentado en las piedras permanecen un rato en silencio; luego, tal vez uno tose; otro levanta la mano y golpea con ella abierta la vuelta del cayado; otro apoya los brazos cruzados sobre el bastón e inclina la cabeza

---

que alude Martínez Ruiz es *Los diamantes de la corona,* con libreto de Camprodón y música de Asenjo Barbieri. Uno de los mayores éxitos de la época, se estrenó en el Circo el 19 de septiembre de 1854. La presencia en esta novela (véase también el cap. XIII) de las personalidades más destacadas del mundo del teatro y de la zarzuela se debe sin duda a la afición de Martínez Ruiz por repasar colecciones viejas de revistas ilustradas (cf. *La voluntad,* II, cap. X).

[30] *Francisco Camprodón y Lafont (1816-1879):* autor dramático y poeta español. Sus zarzuelas tuvieron un éxito enorme entre los años 1850 y 1870. *El dominó azul, Los diamantes de la corona,* etc.

[31] Café en la Puerta del Sol, cerrado hace sólo algunos años, que servía de foco de algunas tertulias más concurridas por los artistas de toda índole durante la época. En el año 1903, allí se reunían Martínez Ruiz, Valle-Inclán, Baroja, Rubén Darío, los hermanos Machado, etc.

pensativo... Estos viejos han visto sucederse las generaciones; las casas que ellos vieron construir están ya viejas, como ellos. Y ellos salen a la huerta y se sientan en sus piedras blancas.

Va anocheciendo. El pueblo luce intensamente dorado por los resplandores del ocaso; las palmeras y los cipreses de los huertos se recortan sobre el azul pálido; la luna resalta blanca.

Y un viejo levanta la cabeza y dice:

—La luna está creciente.

—El día 17 —observa otro— será la luna llena.

—A ver si llueve antes de la vendimia —replica un tercero— y la uva reverdece.

Y todos vuelven a callar.

Cierra la noche; un viento ligero mece las palmeras que destacan en el cielo fuliginoso. Un viejo mira hacia Poniente. Este viejo está completamente afeitado, como todos; sus ojuelos son grises, blandos; en su cara afilada, los labios aparecen sumidos y le prestan un gesto de bondad picaresca. Este viejo es el más viejo de todos; cuando camina agachado sobre su palo lleva la mano izquierda puesta sobre la espalda. Mira hacia Poniente y dice:

—El año 60 hizo un viento grande que derribó una palmera.

—Yo la vi —contesta otro—; cayó sobre la pared del huerto y abrió un boquete.

—Era una palmera muy alta.

—Sí, era una palmera muy alta.

Se hace otra larga pausa. Los murciélagos revuelan calladamente; brillan las luces en el pueblo. Entonces el viejo más viejo da dos golpes en el suelo con el cayado, y se levanta.

—¿Se marcha usted?

—Sí; ya es tarde. [32]

---

[32] Esta expresión se convierte para el futuro Azorín en el símbolo por la preocupación en los pueblos españoles por el paso del tiempo (cf. otros pasajes en *Antonio Azorín* y *Las confesiones de un pequeño filósofo*).

—Entonces nos marcharemos todos.

Y todos se levantan de sus piedras blancas y se van al pueblo, un poco encorvados, silenciosos.

XII

—Yo le daré a usted un libro —dice el clérigo— que le dejará convencido.

Azorín está ya casi convencido de todo lo que quieran convencerle; pero, sin embargo, acepta el libro.

Este libro se titula *Del Deísmo refutado por sí mismo.* El clérigo lo ha cogido del estante, lo ha sacudido golpeándolo contra la palma de la mano y se lo ha dado a Azorín. El cual lo ha tomado como quien toma algo importantísimo, y se ha quedado examinándolo por fuera gravemente. Después le ha parecido bien mirar quién era el autor de este libro, y ha visto que se llama Bergier. [33] ¿Quién es Bergier? Azorín no lo sabe, y, sin embargo, debería saber que los diccionarios biográficos dicen, entre otras cosas, de este autor que "era un lógico hábil en deducir sus ideas rigurosamente unas de las otras".

—Aquí verá usted —dice el clérigo— cómo Voltaire era un sofista y cómo Rousseau, "el tristemente célebre autor del *Emilio*", como le ha llamado el señor obispo de Madrid, era un corruptor de las buenas costumbres.

Después de dicho esto, el clérigo da un paseo por la estancia con las manos metidas en los bolsillos del pantalón y se asoma distraídamente a una ventana tarareando una copla. ¿He de decir la verdad? Azorín no

---

[33] *Nicolás Silvestre Bergier (1715-1790):* teólogo francés conocido por sus escritos rigurosamente católicos. Autor de muchas obras, se dedicó a atacar a los enciclopedistas, a Voltaire, y en *El Deísmo refutado por sí mismo* (1765), a Rousseau. Hay versión en castellano (1857), bajo la dirección del cardenal Monescillo, de su *Diccionario de Teología.*

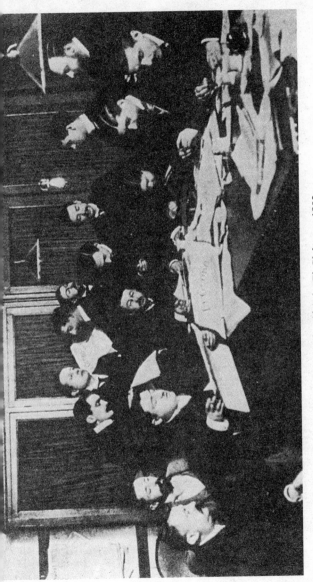

Azorín en la redacción de *El Globo*, en 1903.

El Collado de Salinas, desde donde se divisaba el Valle de Elda.

tiene interés en defender a Voltaire y Rousseau; casi
estima más a este clérigo ingenuo y jovial que a los dos
famosos escritores. Por eso, mientras por una parte no
lee el *Diccionario filosófico* ni el *Emilio,* por otra no deja
de venir todas las tardes a charlar un rato con este
clérigo. Charlan casi siempre de cosas indiferentes; pero
esta tarde, por una casualidad, ha recaído la conversación sobre cosas de teología, y el clérigo ha echado
mano a su Bergier. He de confesar que el libro estaba
lleno de polvo. ¿Es que el clérigo no lee tampoco?

Luego que ha platicado un rato, el clérigo coge su
bastón, se pone el sombrero, y él y Azorín se marchan.
Antes de marcharse, el clérigo llena la petaca de tabaco,
tomándolo de una caja que hay sobre la camilla, y se
mete también en el bolsillo un libro pequeño. El tabaco,
como es natural, le sirve para proporcionarse una ho-
nesta distracción, y el libro pequeño es un diminuto
breviario en que ora de cuando en cuando.

Los dos, Azorín y el clérigo, salen del pueblo y van
caminando por un tortuoso camino plantado de more-
ras. A un lado queda el pueblo, que asoma sobre la
verdura de los huertos; la blanca torre de la iglesia
resalta junto a un ciprés enorme; las palmeras se recortan con sus ramas péndulas en el azul luminoso.

Al final de este camino sesgo se encuentra una alameda. Es una alameda compuesta de cuatro liños de olmos
y acacias. La tierra es intensamente roja; el cielo aparece
diáfano entre el boscaje de las copas. Azorín y el clérigo
pasean despacio. Casi no hablan. Todo está en silencio.
A ratos llega el traqueteo de un carro, o se perciben los
gritos de los muchachos que juegan a lo lejos.

Y así en este paseo va llegando el crepúsculo. El cielo
se enrojece; brillan en el pueblo los puntos de las luces
eléctricas; las sombras van borrando las casas y el
campo.

—¿Le parece a usted que nos marchemos? —le pregunta el clérigo.

—Sí, vámonos; es ya tarde —contesta Azorín.

En los pueblos sobran las horas, que son más largas

que en ninguna parte, y, sin embargo, siempre es tarde.
¿Por qué? La vida se desliza monótona, lenta, siempre
igual. Todos los días vemos las mismas caras y el mismo
paisaje; las palabras que vamos a oír son siempre
idénticas. Y ved la extraña paradoja: aquí la vida será
más gris, más uniforme, más difluida, *menos vida* que
en las grandes ciudades; pero se la ama más, se la ama
fervorosamente, se la ama con pasión intensa. Y por
eso el egoísmo es tan terrible en los pueblos, y por
eso la idea de la muerte maltrata y atosiga tantos
espíritus...

* * *

Cuando han vuelto al pueblo, ya las campanas estaban tocando a la novena; es decir, no es novena; son los
pasos que se rezan todos los viernes y domingos de
cuaresma. La sacristía estaba casi a oscuras; dos monaguillos vestidos con sus cotas rojas han tomado sendos
faroles opacos, sucios, goteados de cera; el clérigo se ha
puesto una estola y los tres, con el sacristán, han salido
a la iglesia.

Azorín se ha quedado en la sacristía. Estaba sentado
en un amplio sillón, junto a la larga cajonería de nogal.
¿En qué pensaba Azorín? En nada, seguramente; lo
mejor es no pensar nada. Junto a él hablaban en voz
baja dos clérigos; uno de ellos es joven, casi recién salido
del Seminario. Azorín lo conoce. Ha podido hacer la
carrera gracias a la munificencia de un protector; su
inteligencia no es muy amplia, pero posee ingenuidad y
resignación. Resignación sobre todo. A veces Azorín se
figura que éste es uno de aquellos místicos españoles que
tan tremendas privaciones conllevaban con la cara ri-
sueña. "La tristeza —decían— corrompe los espíritus; el
Señor no quiere la tristeza." Y si no le pegaban un
bofetón al mozo cacoquímico, como hizo San Felipe de
Neri con un novicio para que estuviera alegre (bien que
el procedimiento me parezca contraproducente); si no
llevaban las cosas tan al cabo, procuraban al menos por

otros medios desterrar de los monasterios la odiosa acidia.

Este clérigo gana una peseta, que es a lo que monta su misa diaria. "Y muchos días —ha oído decir Azorín— le falta la celebración." Con esta escasa renta ha de mantener a su madre y a una hermana. "Y gracias —ha oído decir también Azorín— que un hermano que tenía, y que se había pegado también a la sotana, se ha casado ya."

Yo creo que este clérigo, como otros muchos, merece nuestro respeto y hasta nuestra admiración. Es discreto; su sotana podrá estar raída y verdosa, pero luce de limpia. ¿Cómo es posible que él pueda costearse otra? Hace un momento, y mientras el señor con quien hablaba sacaba la petaca, yo he visto que él también se llevaba la mano al bolsillo. Pero ¿para qué se la llevaba? Yo sé que era completamente inútil. Hace cuatro, seis, diez días, acaso más, que su petaca está vacía.

Azorín ha sentido no tener costumbre de fumar, porque de buena gana le hubiera alargado un cigarro a este clérigo. Y como éste era un pequeño sentimiento, que pensando y repensándolo podía hacerse mayor —como ocurre con todos—, ha decidido dejar el sillón y salir a la iglesia.

En la iglesia los monaguillos y el clérigo estaban delante de una pilastra; los devotos los rodeaban de rodillas. El sacristán, también arrodillado, invita a los fieles con voz plañidera a que consideren el lugar "donde unas piadosas mujeres, viendo al Señor que le llevaban a crucificar, lloraron amargamente de verle injuriado". Luego rezan todos un padrenuestro y un avemaría; y después, sacristán y fieles, a coro, dicen:

"Bendita y alabada sea la Pasión y Muerte de Nuestro Señor Jesucristo y los Dolores de su afligida Madre. Amén."

Azorín ha salido de la iglesia. Creo que ha obrado prudentemente, dado que era ya un poco tarde. Y vea el lector cómo en los pueblos siempre es tarde.

Las calles están solitarias; de algunas tiendas, acá y

allá, se escapan resplandores mortecinos. Las puertas
aparecen cerradas. Se oyen de cuando en cuando los
golpes de los aldabones. Una puerta se abre, torna a
cerrarse.

XIII

Éste es un casino amplio, nuevo, cómodo. Está rodea-
do de un jardín; el edificio consta de dos pisos, con
balcones de piedra torneada. Primero aparece un vestíbulo enladrillado de menuditos mosaicos pintorescos;
los montantes de las puertas cierran con vidrieras de
colores. Después se pasa a un salón octógono; enfrente
está el gabinete de lectura, con una agradable sillería
gris y estantes llenos de esos libros grandes que se
imprimen para ornamentación de las bibliotecas en que
no lee nadie. A la derecha hay un gran salón vacío
(porque no hace falta tanto local), y a la izquierda otro
gran salón igual al anterior, donde los socios se reúnen
con frecuencia. Mesas cuadradas y redondas, de mármol, se hallan esparcidas acá y allá alternando con otras
de tapete verde; junto a la pared corre un ancho diván
de peluche rojo; en un ángulo destaca un piano de cola,
y verdes jazmineros cuajados de florecillas blancas festo-
nean las ventanas.

Son los primeros días de otoño; los balcones están
cerrados; el viento mueve un leve murmullo en el jardín;
poco a poco van llegando los socios a su recreo de la
noche; brillan las lámparas eléctricas.

Estos socios, unos juegan a los naipes; otros, al dominó —juego muy en predicamento en provincias—; otros
charlan sin jugar a nada. Entre los que charlan se
cuentan los señores provectos y respetables. Son seis u
ocho que constantemente se reúnen en el mismo sitio:
un ángulo del salón de la izquierda. Allí pasan revista en
una conversación discreta y apacible a las cosas del día,

unas veces, y otras evocan recuerdos de la juventud pasada.

—Aquéllos —dice uno de los contertulios—, aquéllos eran otros tiempos. Yo no diré que eran mejores que éstos, pero eran otros. No sólo había notabilidades de primera fila, sino hombres modestos que valían mucho. Yo recuerdo, por ejemplo, que don Juan Pedro Muchada [34] era un gran hacendista.

—Sí —dice otro señor—, yo lo recuerdo también. Cuando estábamos los dos estudiando en Madrid, fuimos un día a verle con una carta de recomendación.

—Era entonces diputado por Cádiz. A mí me regaló su libro La Hacienda de España y modo de reorganizarla.

—Yo lo recuerdo como si fuera ahora. Era un señor grueso, alto, con la cara llena, todo afeitado...

Pausa ligera. Suenan las fichas sobre los mármoles; el pianista preludia una melodía.

—Yo a quien conocí y traté, porque era gran amigo de mi padre —observa otro contertulio—, fue a don Juan Manuel Montalbán y Herranz... [35] Ahí tiene usted

[34] Juan Pedro Muchada (n. 1804): comerciante y propietario gaditano. Fue diputado por Cádiz desde 1847 hasta 1862, y clasificado políticamente en el sector "centro derecha" que compartió con Cánovas del Castillo. De su libro citado por Martínez Ruiz encontramos la siguiente referencia: "Muy pocos han leído los dos volúmenes que publicó sobre hacienda, pero todo el mundo los sabe de memoria, porque S. S. no habla de otra cosa, y es inevitable aprender a fuerza de oír" (Semblanzas de los 340 diputados a Cortes que han figurado en la legislatura de 1849 a 1850, Madrid, 1850).

[35] Juan Manuel Montalbán y Herranz (1806-1889): Catedrático de Jurisprudencia en la Universidad de Alcalá de Henares y luego, a partir de 1838, en la de Madrid. Llegó a ser rector de la Universidad Central, cargo que dejó en 1866 con ocasión de los sucesos de abril de 1865. Fue diputado por Madrid en las Cortes de 1843, director de Instrucción Pública (1855-1857), y senador para las Cortes (1872-1873). Académico de la Historia, fue autor de muchos libros sobre el Derecho. Escribió con Pedro Gómez de la Serna la popularísima obra Elementos de Derecho Civil y Penal de España (1840-1841). El Febrero se refiere al libro de José Febrero, Librería de escribanos (1778-1781), cuya segunda (1845) y tercera (1847) ediciones anotó Montalbán bajo el título Librería de jueces, abogados y escribanos, de Febrero. En unión de Goyena y Aguirre, puso el Febrero al día otra vez en 1852 con una cuarta edición.

otro hombre de los que no hicieron mucho ruido, y que, sin embargo, tenía un mérito positivo. Cuando yo estudiaba era rector de la Universidad Central; fue también senador el año 72... La mejor edición que se ha hecho del *Febrero* se debe a él... Sabía mucho y era muy modesto.

—Eran otros hombres aquéllos. Ante todo, había menos palabrería que ahora. Ya predijeron algunos lo que iba a suceder luego; muchas de las cosas que aquellos hombres recomendaban, luego se han tenido que realizar, porque todo el mundo ha reconocido que eran convenientes y se podían atajar con ellas muchos males... Don Juan Pedro Muchada recomendaba en su libro la formación de sociedades cooperativas para obreros; entonces (esto era el año 1846), entonces no había ni rastro de ellas. Vean ustedes ahora si hay pocas.

Hace un momento ha llegado un viejo que tiene un bigotito blanco en forma de cepillo, que viste un pantalón a cuadritos negros y blancos, y se apoya en un bastón de color de avellana. Este viejo oye en silencio estas añoranzas del tiempo luengo, y dice después, dando golpes con el bastón, poniéndose los lentes con un gesto rápido:

—Yo les puedo asegurar a ustedes que en lo que toca a lo que yo he conocido algo, que es el teatro, no hay ahora actores como aquéllos... Será una ilusión mía, muy natural, dado que aquél fue el tiempo de mi juventud...; pero a mí se me antoja que realmente eran mejores. Sin contar los de primera fila: Romea,[36] Latorre,[37] Matilde Díez,[38] Arjo-

---

[36] *Julián Romea y Yanguas (1813-1868):* actor y literato español. Representante de las tragedias, se distinguió por su arte de declamación natural. Su triunfo fue grande, y lograba siempre conmover al auditorio.

[37] *Carlos Latorre (1799-1851):* el más famoso actor español de la primera parte del siglo XIX. Creó papeles de Shakespeare y de las tragedias griegas, luego los del teatro romántico español. Fue maestro de Julián Romea.

[38] *Matilde Díez (1818-1883):* actriz cuya facilidad y talento dominan

na, [39] Catalina, [40] Valero..., [41] había muchos de segunda, que yo hoy, relativamente, no los encuentro; por ejemplo: Pizarroso, [42] Oltra y Vega, [43] que trabajaba en la compañía de Romea: el mismo hermano de Romea, Florencio, Luján, [44] a quien yo vi debutar el año 1865 en el teatro del Recreo... Y como cantantes de zarzuela, no digamos. ¿Quién no se acuerda de Escríu? [45] ¡Qué bien hacía *¡Quién es el loco!*... Y ahora que hablo de locos me acuerdo del pobre Tirso Obregón, [46] que murió loco en su pueblo, Molina de Aragón. Creo que no he conocido un barítono de más bríos que el pobre Tirso; tenía también una arrogante presencia... Él fue, puede decirse, el último intérprete de la zarzuela clásica, de Barbieri, de

---

la escena española por gran parte del siglo XIX. Primero obtuvo grandes triunfos con Romea, con quien se había casado, y luego con Manuel Catalina.

[39] *Joaquín Arjona (1817-1875):* actor dramático, también discípulo de Carlos Latorre. Formó empresa con Romea y en el teatro del Circo representaban obras clásicas y modernas.

[40] *Manuel Catalina (1820-1886):* eminente actor y empresario del teatro Príncipe, donde trabajaba como primer actor en unión de Matilde Díez.

[41] *José Valero (1808-1891):* actor de talento que llegó a estrenar como primer actor toda clase de obras. Fue idolatrado por el público a pesar de ser feo y de baja estatura.

[42] *Antonio Pizarroso (1811-1874):* continuador de la escuela de actor de carácter de Latorre, trabajó en unión de los más célebres actores españoles. Con su mucha experiencia en todos los géneros modernos, llegó a ser profesor de muchos actores.

[43] *Francisco Oltra y Vega (1824-1889):* famoso actor que se dedicó a los papeles de carácter. Estudió con Latorre, pasó a la compañía de Romea y luego a la de Manuel Catalina en el teatro Príncipe.

[44] *Juan José Luján (1831-1889):* cómico muy gracioso que dejó su tienda de muebles para formar, en compañía de Antonio Riquelme y José Vallés, el primer "teatro por horas" en el teatro del Recreo, sito en la calle de Flor Baja. Martínez Ruiz se equivoca; Luján debutó en el Recreo en 1867. Luego pasó al teatro Variedades, donde además de cómico sirvió de empresario.

[45] *José Escríu (m. 1889):* actor y cantante, ingresó en la compañía de los Bufos madrileños, de Arderíus, donde adquirió gran relieve.

[46] *Tirso de Obregón (1832-1889):* cantante español de zarzuela. Dotado de una voz de barítono que cubría dos octavas, fue muy aplaudido.

Oudrid —¡cuánto me acuerdo yo de Oudrid!—, de Gaztambide...[47] Después de él, ya aquello se fue...

El viejo calla en un silencio triste; todo un pasado rebulle en su cerebro; toda una época de actores aclamados y actrices adorables que poco a poco se esfuman en el olvido.

La sala se ha ido quedando vacía; en un rincón se inclinan dos jugadores sobre una mesilla verde; de cuando en cuando profieren una exclamación, levantan el brazo y lo dejan caer pesadamente sobre el tapete. el vaho y el humo borran las líneas y hacen que destaquen en mancha, sin contorno, las notas verdes y blancas de las mesas y la larga pincelada roja del diván. Un reloj suena con diez metálicas vibraciones.

—¿Está usted vendimiando ya en la Umbría? —pregunta uno de los contertulios a otro.

—Sí, ayer di orden de que principiaran.

—Yo mañana me marcho a la Fontana; quiero principiar pasado mañana.

—La uva ya está en su punto —dice un tercero.

—Y es necesario —añade otro— cogerla antes de que una nube se nos adelante.

Y todos, durante estas últimas palabras, han ido levantándose y se despiden hasta otro día.

XIV

Hoy han tocado a la puerta: *tan, tan*. Azorín ha creído que era el viento. La idea de que llamen a su puerta le parece absurda. Pero sí que llamaban; han

---

[47] *Francisco Asenjo Barbieri (1823-1894):* gran director de orquesta y compositor de zarzuelas: *Pan y toros, El barberillo de Lavapiés; Cristóbal Oudrid (1825-1877):* compositor inagotable, escribió 98 zarzuelas; y *Joaquín Romualdo Gaztambide (1822-1870):* otro compositor de zarzuelas que con Barbieri y Oudrid dominó el arte a partir de 1850.

vuelto a tocar: *tan, tan, tarán.* Azorín ha comprobado la realidad y ha bajado a abrir. Era un viejo que le ha saludado cortésmente, esforzándose por sonreír; pero era un esfuerzo penoso. ¿No habéis visto cuando estáis tristes y un niño o una mujer os miran, cómo en su cara ingenua se refleja instintivamente vuestro gesto triste? Pues Azorín, mirando a este viejo, ha puesto también cara triste.

¿Qué quiere este viejo? Hay hombres que parecen cerrados como armarios; un extraño no sabe lo que hay dentro. Este viejo es de esos hombres. ¿Por qué ha llamado? ¿Qué quiere? ¿Qué va a decir? Es un viejo menudito, con una barba blanca que termina en una punta corta un poco doblada hacia arriba, envuelto en una capa parda; es uno de esos viejos que llevan el pañuelo del bolsillo siempre doblado cuidadosamente y de cuando en cuando lo sacan y lo pasan con suavidad por la nariz. Como lleva la capa cerrada y él va tan encogido, mirando casi asustado a un lado y a otro, parece que va a realizar algo importante.

Es, efectivamente, algo importante.

—Perdone usted —ha dicho el viejo—; usted es crítico...

Azorín ha sonreído con benevolencia; se sentía halagado por las palabras de este desconocido.

El viejo ha sacado de debajo de la capa un grueso cartapacio y mientras lo ponía sobre la mesa ha repetido:

—Sí, sí; usted es crítico.

Azorín, al ver el cartapacio, ha sentido un ligero escalofrío; toda su anterior complacencia se ha trocado en temor.

—No, no —ha replicado—; yo se lo aseguro a usted: yo no soy crítico.

Pero el viejo movía la cabeza en señal de incredulidad y se ha puesto a relatar el objeto de su visita.

Este viejo ha dicho que él es autor cómico. Azorín se ha quedado estupefacto. Autor dramático, acaso; pero cómico le parecía una enormidad. Luego ha añadido que a él le han dicho que Azorín tiene en Madrid muchas relaciones y que podrá ayudarle, porque es muy benévolo. Azorín se ha ruborizado, pero ha convenido interiormente en que algo benévolo debe de ser cuando se apresta a oír la lectura que el viejo va a hacerle de tres zarzuelas suyas, cada una en un acto.

—Yo —dice el viejo— vivo solo; esto constituye mi única alegría. Hace dos años estuve en Madrid y llevé una obra a la Zarzuela y otra a Apolo... Me hicieron ir y venir muchas veces; me daban mil excusas inverosímiles; yo estaba ya cansado. Y al fin me dijeron que habían leído las obras y que les parecían anticuadas. Anticuadas, ¿por qué? El arte, ¿puede nunca ser anticuado? Sin embargo, he escrito otras y con ellas volveré a Madrid; son estas que aquí traigo...

El viejo comienza la lectura. A ratos se detiene un momento; saca su pañuelo doblado, lo pasa por la nariz y pregunta:

—¿Usted cree que esta escena está bien preparada?

Azorín tiene, como no podía ser menos, su estética teatral, que algunos críticos han encontrado exagerada. [48] Pero sería terrible que la sacase en esta ocasión. Mejor es que le parezcan bien todas las escenas y hasta las tres obras enteras. Sí, a Azorín le parecen excelentes las tres zarzuelas.

—¿Usted —le pregunta el viejo— no conoce a Sinesio Delgado? [49]

[48] Martínez Ruiz, hacia 1900, había dedicado ya muchos artículos a la crítica teatral (*El Mercantil, El País, El Progreso, Madrid Cómico*, etc.), en los cuales elogiaba el nuevo teatro de Maeterlinck, Ibsen, Sudermann, la escuela catalana, etc., y abogaba por el arte social. Y en 1896 se imprimió su versión en castellano de *La Intrusa* del dramaturgo belga. Aunque muchos de sus "cuentos" publicados en los periódicos y revistas del tiempo son en realidad pequeñas obras dramáticas en forma dialogada, durante estos años su única obra de teatro, como tal, es *La fuerza del amor* (1901), obra nunca llevada a la escena y cuya publicación recibió algunos comentarios negativos.

[49] *Sinesio Delgado (1859-1928):* periodista, poeta y autor dramático muy fecundo. Entre sus libretos para la zarzuela figuran *La zarzuela nueva, La baraja francesa, La clase baja* y *El ama de llaves*. Fue director de *Madrid Cómico*, revista en la que colaboró Martínez Ruiz.

—No, no conozco al señor Delgado.

—¿Conocerá usted, *por lo menos,* a López Silva? [50]

Azorín, horrorizado a la sola idea de conocer a López Silva, se ha apresurado a protestar:

—¡Oh, no, no, tampoco!

Entonces el viejo ha movido la cabeza como conformándose con su desgracia, y ha exclamado tristemente:

—¡Todo sea por Dios!

Este viejo ha venido esta mañana en el tren; esta noche regresará a su casa. Cuando entre en ella y cierre tras sí la puerta y se vea otra vez solo, lanzará un suspiro y pensará que hoy se le ha disipado una esperanza.

XV

Azorín ha recibido hoy una carta; la fecha decía: *Petrel;* la firma rezaba: *Tu infortunado tío, Pascual Verdú.* [51]

---

[50] *José López Silva (1860-1925):* también perteneció al núcleo de los colaboradores de *Madrid Cómico* y fue conocido de Martínez Ruiz. En el "género chico" se destacan sus libretos de *La Revoltosa* (1897), en colaboración con Fernández Shaw, y de *El barquillero* (1900), que escribió con José Jackson y Veyán; ambas obras musicadas por Chapí.

[51] Verdú es un apellido muy conocido en Monóvar y seguramente lo ha tomado Martínez Ruiz de su mejor amigo de juventud, Silvestre Verdú, poeta y escritor local. No obstante, como señalamos en la Introducción, la persona retratada aquí y en el resto de la novela es Miguel Amat y Maestre (1837-1896), tío materno del autor e hijo de un importante hacendado en Petrel, como también lo fue la madre de Martínez Ruiz. La biografía de Pascual Verdú en el capítulo XVIII de esta parte de *Antonio Azorín* no es más que una transcripción de partes de varios textos redactados por el mismo Amat y Maestre y mandados a su sobrino para ser utilizados en la redacción de un prólogo-biografía a una recopilación de su obra, encargo que dio a Martínez Ruiz cuando se sentía al borde de la muerte. El hecho de no haber cumplido el encargo Martínez Ruiz habrá influido no poco en la decisión de introducir a Amat y Maestre como personaje en *Antonio Azorín*. Los textos, junto

¡Pascual Verdú! Azorín, de lo hondo de su memoria, ha visto surgir la figura de su tío Verdú. Ha columbrado, confusamente, entre sus recuerdos de niño, como una visión única, una sala ancha, un poco oscura, empapelada de papeles grises a grandes flores rojas, con una sillería de reps verde, con una consola sobre la que hay dos hermosos ramos bajo fanales, y entre los dos ramos, también bajo otro fanal, una muñeca que figura una dama a la moda de 1850, con la larga cadena de oro y el relojito en la cadera.

Esta sala es húmeda. Azorín cree percibir aún la sensación de humedad. En el sofá está sentada una señora que se abanica lentamente; en uno de los sillones laterales está un señor vestido con un traje blanquecino, con un cuello a listitas azules, con un sombrero de jipijapa que tiene una estrecha cinta negra. Este señor —recuerda Azorín— se yergue, entorna los ojos, extiende los brazos y comienza a declamar unos versos con modulación rítmica, con inflexiones dulces que ondulan en arpegios extraños, mezcla de imprecación y de plegaria. Después saca un fino pañuelo de batista, se limpia la

---

con una copiosa correspondencia de Amat y Maestre a Martínez Ruiz, escrita entre 1892 y 1894, se conservan hoy en la Casa-Museo de *Azorín* en Monóvar y se encuentran reproducidos íntegros en el libro de Salvador Pavía Pavía, *Miguel Amat Maestre (Pascual Verdú) y los orígenes literarios de Azorín* (Petrel, Caja de Crédito de Petrel, 1985). Durante aquellos años el joven Martínez Ruiz mantuvo unas relaciones estrechas con su tío, quien promovió sus primerizas colaboraciones periodísticas, de 1892, publicadas en *La Monarquía* y *La Educación Católica* y firmadas con los seudónimos "Juan de Lis" y "Fray José" (véase los estudios relevantes citados en la bibliografía de esta edición). La caracterización de Pascual Verdú que encontraremos a partir de ese capítulo hasta el XVIII, y en la segunda parte de la novela, se basa en este material y la intervención de Amat y Maestre en los debates sobre la poesía religiosa en el Ateneo de Madrid en 1877 (publicada en el *Boletín del Ateneo de Madrid*, 1877, pp. 498-585). Para un estudio de las relaciones entre Martínez Ruiz y Amat y Maestre y de los textos que dieron vida a Pascual Verdú, véase el libro de José Rico Verdú *Un Azorín desconocido* (Alicante, Instituto de Estudios Alicantinos, 1973) y sobre todo el libro de Pavía y Pavía, más completo, citado arriba.

frente y sonríe, mientras mi [52] madre mueve suavemente la cabeza y dice: "¡Qué hermoso, Pascual! ¡Qué hermoso!"

Se hace un ligero silencio, durante el cual se oye el ruido del abanico al chocar contra el imperdible del pecho. Y de pronto suena otra vez la voz de este señor del traje claro. Ya no es dulce la voz ni los gestos son blandos; ahora la palabra parece un rumor lejano que crece, se ensancha, estalla en una explosión formidable. Y yo veo a este señor de pie, con los ojos alzados, con los brazos extendidos, con la cabeza enhiesta. En este momento el sombrero de jipijapa rueda por el suelo; yo me acerco pasito, lo cojo y lo tengo con las dos manos en tanto que oigo los versos con la boca abierta.

Luego que acaba de recitar este señor, charla ligero con mi madre; luego se pone en pie, me coge, me levanta en vilo y grita: "¡Antoñito, Antoñito, yo quiero que seas un gran artista!" Y se marcha rápido, voluble, ondulante, hablando sin volver la cabeza, poniéndose al revés el sombrero, que después torna a ponerse a derechas, volviendo por el bastón que se había dejado olvidado en la sala...

Y de idea en idea, de imagen en imagen, Azorín ha recordado haber visto en el *Boletín del Ateneo de Madrid,* del año 1877, algo referente a su tío Verdú. Sí, sí; lo recuerda bien. Se discutió aquel año sobre la poesía religiosa; fue una discusión memorable. Revilla, [53] Simarro, [54] Reus, [55] Montoro [56] dijeron cosas es-

---

[52] El lector habrá notado que a veces el narrador Martínez Ruiz asume la presencia y la voz en la novela de su protagonista Antonio Azorín, confundiendo así la autobiografía con la narración en tercera persona. Sobre este tema, véase la Introducción.

[53] *Manuel de la Revilla y Moreno (1846-1881):* escritor español de enorme cultura que llegó a ser catedrático de literatura en la Universidad Central. Sus obras se caracterizan por las ideas originales y por el tono polémico. En su pensamiento filosófico y literario fue primero krausista y luego positivista. Tuvo intervenciones brillantes en la cátedra del Ateneo.

[54] *Luis Simarro Lacambra (1851-1921):* médico y profesor español. Fue importante orador en el Ateneo de Valencia, y por su participación

tupendas en contra del espiritualismo; en cambio, los espiritualistas dijeron cosas atroces contra el materialismo. Estos espiritualistas eran tres, tres nada más al menos, puros de toda mácula: Moreno Nieto, [57] que murió sobre el trabajo; Hinojosa, [58] que luego ha sabido encontrar el espíritu en los presupestos, y Pascual Verdú, que ahora vive solo, desconocido, enfermo, torturado, en ese pueblecillo levantino. Don Francisco de Paula Canalejas [59] hizo el resumen de los debates, y en su discurso, al hablar de los diversos contendientes, puede verse (p. 536 del *Boletín*) cómo trata a Verdú. Le llama "el fácil y apasionado señor Verdú". [60]

---

en el movimiento cantonal de 1873 se vio obligado a trasladarse a Madrid, donde se doctoró en 1875. Fue autor de muchas obras sobre la psiquiatría.

[55] *Emilio Reus y Bahamonde (1858-1891):* escritor y jurisconsulto español que muy joven se destacó con el libro *Estudios sobre Filosofía de la Creación* (1876). De grandes dotes intelectuales, tradujo a Spinoza y escribió importantes estudios sobre la jurisprudencia. Heredó una gran fortuna y se trasladó a Uruguay, donde fundó el Banco Nacional de Uruguay y otras empresas.

[56] *Rafael Montoro (n. 1852):* literato y crítico cubano, pasa a la península en 1867. Adepto de las ideas krausistas, colaboró en la *Revista Contemporánea* y *Revista Europa*. Gran orador, fue dos veces diputado en las Cortes y participó activamente en los debates en el Ateneo, donde llegó a ser vicepresidente de la sección de Ciencias Morales y Políticas.

[57] *José de Moreno Nieto (1825-1882):* catedrático de la historia de los tratados y rector de la Universidad de Madrid hasta 1874. Era diputado del partido conservador a las Cortes Constituyentes. También famoso orador, participó en muchos debates en el Ateneo, donde llegó a tener un papel importante en el desarrollo de dicha institución.

[58] *Eduardo de Hinojosa y Naveros (1852-1919):* jurisconsulto e historiógrafo español que llegó a ser considerado autoridad de fama internacional en los estudios histórico-jurídicos sobre España. Fue catedrático de Universidad y académico de la Historia de la Lengua. En política estuvo afiliado al partido conservador.

[59] *Francisco de Paula Canalejas y Casas (1834-1883):* fue catedrático de Literatura en la Universidad de Madrid y luego de Historia de la Filosofía. Uno de los eruditos más respetados de su tiempo, publicó muchos libros sobre temas literarios y filosóficos. Fue académico de la Lengua y presidente de la Sección de Literatura del Ateneo.

[60] Los debates sobre la poesía religiosa, mencionados aquí por Martínez Ruiz (y cuyos resúmenes, tanto como el discurso de Canalejas,

¡El fácil y apasionado señor Verdú! Sí; indudablemente, éste es el señor amable, éste es el señor voluble, éste
es el señor ardoroso que recitaba versos *aquel día,* allá
en mi niñez, en una sala húmeda con una sillería de reps
verde.

XVI

La carta que Azorín ha recibido de Pascual Verdú
dice así:

"Petrel...

"Querido Antonio: He leído en *La Voz de Monóvar*[61]
que acabas de llegar a ésa. ¡Qué malo que estoy, hijo
mío, y cuánto me alegraría de poder abrazarte!

"Te espero mañana en el correo.

"El mal del cerebro ha apretado, y *todo se pierde.* No
tengo ilusión de nada. ¿Qué han hecho de mí?

"Tu infortunado tío,

Pascual Verdú."[62]

---

puden leerse en el *Boletín del Ateneo de Madrid,* 1877, pp. 498-585),
tuvieron lugar, en la Sección de Literatura y Bellas Artes del Ateneo, el 9
y el 15 de junio de 1877. Fueron seguidos, el 19 de junio, por el discurso
de resumen de Canalejas. Al lado de las ideas, para entonces muy
avanzadas, de los otros contendientes (Revilla, Reus, Simarro) sobre la
estética, Amat y Maestre (Pascual Verdú) parece francamente un provinciano, de poca cultura. Insiste, sin tregua, en "el arte por Dios y el
arte por la Iglesia". Canalejas le increpa por sus fórmulas del arte
docente (p. 555), y luego dice: "Pero ¡y el materialismo y la incredulidad
y el escepticismo!, exclama el señor Amat con verdadera angustia,
mirando la cuestión no como artista, sino como creyente" (p. 577). No
obstante, no hay duda de que Martínez Ruiz se aprovechó de las
palabras de su tío en estos debates para caracterizarle en la tercera parte
de *Antonio Azorín.*

[61] Según nuestras noticias, no existió tal periódico. Sería una varia-
ción novelesca de *El Eco de Monóvar,* que, sí, existía a la vuelta del siglo.

[62] Para componer tanto esta carta de Verdú como las que siguen,
Martínez Ruiz se ha servido de la correspondencia de su tío Amat

XVII

A las once, en el correo, Azorín ha recibido otra carta de Verdú. (La anterior ha llegado en las primeras horas de la mañana, por el tren mixto.)

"Petrel...

"Querido Antonio: No sé si continuar instándote para que no dejes de venir. Creo que me dará mucho sentimiento verte, pero te quiero tanto y tanto...

"Si vienes, ven pronto.

"Lo que me sucede, querido Antonio, es muy extraordinario. Ni tomo más alimento que jícaras de caldo y leche y alguna pequeña galleta, ni duermo más que algunos minutos, y estoy tan débil, que hace ventiséis días que no he puesto los pies en la calle, porque no puedo andar.

"Te abraza tu tío

Pascual."

XVIII

En la tarde del mismo día en que Azorín ha recibido estas dos cartas, poco después de comer, ha llegado un criado y le ha puesto en sus manos otra voluminosa.

Azorín, después de leerla, ha decidido salir la misma tarde para Petrel, a pie, dando un paseo.

---

y Maestre, quien sufría entonces de una grave enfermedad del sistema nervioso. Los párrafos y frases que decide utilizar para la novela se encuentran señalados por un trazo de lápiz rojo en los márgenes de las cartas originales, todavía conservadas en la Casa-Museo de Azorín en Monóvar (cf. también por el estudio y recopilación del epistolario, ya citados, por Pavía y Pavía). Azorín siguió a lo largo de su carrera esta práctica de subrayar los textos leídos por él, que luego aprovechaba para la redacción de sus obras.

La carta de Verdú es como sigue:

"Querido Azorín: Después de acostarme y levantarme veinte veces, da la una de la madrugada y no puedo estar en la cama ni fuera de ella; y no tengo más remedio, para luchar con el mal, que escribir; pero, ¡ay!, que no puedo ya.

"Mi situación, Antonio, es horrible. No puedo tomar caldo ni leche, y, sin embargo, mi estómago está bueno; pero no funciona porque no le puedo dar alimento. La tirantez, sequedad, dolor y debilidad de la cabeza son insufribles.

"Como mi debilidad es tan grande, apenas puedo tenerme de pie; y, sin embargo, el delirio, el desasosiego me obligan a andar... a pasear por la sala y a escribir, para ver si puedo apartar de mí los tristes pensamientos que me devoran. Un mar de moscas no me deja tener las manos sobre el papel. Me quejo al Criador de mis grandes sufrimientos y de su impasibilidad y de la tristísima suerte que me espera, sin hijos, sin amigos, sin médico, sin sacerdotes, sin nadie. Mi profecía de hace doce años acerca de mi triste fin se cumple. Hace ocho días repetí mis vaticinios en la poesía *Lágrimas* que he compuesto.

"En confianza te diré que mis ideas religioso-filosóficas son un caos... Sin embargo, en *Lágrimas* hice un esfuerzo, y acudí a Dios, demandándole que no permita acabe en tal estado." [63]

(Hasta aquí la carta es de letra de Verdú, fina, enrevesada, desigual, ininteligible; lo que sigue va escrito en caracteres firmes y regulares.)

"Tú, querido Antonio, apenas me has conocido. ¿Por qué no contarte algo de mi vida? Acaso sea para mí como un alivio.

"Estudié en Valencia la carrera de Derecho; me gradué de abogado en julio de 1859.

---

[63] Hasta aquí el texto de la carta de Verdú procede de una carta que Amat escribió a Azorín el 26 de julio de 1894 (cf. el libro de Pavía y Pavía, pp. 306-307).

"De allí a cuatro meses, en noviembre del mismo año, recibí en el mismo sitio donde me había licenciado, es decir, en el Paraninfo de la Universidad, una flor de oro y plata, como premio a mi oda a la *Conquista de Valencia* en los Juegos florales celebrados en dicha ciudad bajo el patrocinio del excelentísimo Ayuntamiento; y con tal motivo, en nombre de mis compañeros igualmente premiados (don Víctor Balaguer, [64] don Teodoro Llorente, [65] don Wenceslao Querol [66] y don Fernando León y de Vera), [67] y en nombre propio pronuncié un discurso que me valió calurosos plácemes.

"En esos mismos Juegos florales se ofreció una pluma de oro a la mejor Memoria histórico-filosófica acerca de la expulsión de los moriscos y sus consecuencias en el reino de Valencia, a cuyo premio también opté, presentando una Memoria con el lema *El tiempo es la mejor prueba de la justicia*. Mi trabajo suscitó en el seno del jurado una discusión importantísima, de la cual se ocupó mi hermano Julio en la carta que con tal motivo dirigió al barón de Mayals. Yo atacaba valientemente la medida de la expulsión, demostrando hasta la evidencia que fue injusta y cruel, aparte de antieconómica y antisocial. Con la venida de la Casa de Austria a España —decía yo— se inauguró un sistema de intolerancias contrario a las doctrinas de paz y caridad y verdadera libertad proclamadas por Jesucristo. Se debía haber empleado la persuasión, la dulzura, la caridad, y se

[64] *Víctor Balaguer (1824-1901):* uno de los más destacados valores de la *renaixença catalana.* Ha sido importante historiador y en la lírica rinde culto a Cataluña.

[65] *Teodoro Llorente (1826-1911):* importante poeta valenciano, fue escritor bilingüe. Como dice Martínez Ruiz, fue también director de *Las Provincias* (periódico conservador) y premio de los Juegos Florales valencianos en 1859.

[66] *Wenceslao Querol (1836-1889):* gran amigo de Llorente y también poeta bilingüe. Sus *Rimas* (1877) tocan temas religiosos, patrióticos y familiares. Igual que a Llorente, *Azorín* le recuerda en las páginas de *Valencia* (1941).

[67] *Fernando León y de Vera:* no he podido averiguar nada sobre la biografía o la obra de esta persona.

empleó el rigor y la dureza por casi todos los encargados de la expulsión de los moriscos. Se debía haber continuado el sistema de conciliación inaugurado por don Jaime el Conquistador, y se tomaron medidas humillantes y vejatorias, que dieron por resultado la exasperación de los ánimos, las situaciones violentas y, por fin, la expulsión, que se realizó de la manera más cruel, pues muchos murieron de hambre y de sufrimientos en los desiertos de África, si es que no eran robados y muertos en el camino.

"Sin duda, la exposición de estas verdades, tan dolorosamente amargas, perjudicó algún tanto a mi trabajo, y el premio no se me concedió, habiéndose entregado la pluma de oro, faltando a las condiciones del certamen, a una composición poética.

"En aquel mismo año de 1859 fui nombrado secretario general de la Academia de Legislación y Jurisprudencia de Valencia; y en el siguiente de 1860 gané las asignaturas del Doctorado en la Universidad de Madrid, habiendo estudiado privadamente en Valencia, por conceder la ley en aquellos tiempos este privilegio a los que hubiesen obtenido todas o casi todas las notas de sobresaliente durante la carrera de leyes, en cuyo caso me encontraba yo. También hice oposiciones (aunque no tenía la edad reglamentaria, y sólo por complacer a la familia, pues no era ésa mi vocación) a una relatoría vacante en la Audiencia de Valencia. Me colocaron en segundo lugar; pero como, según he dicho, no eran ésas mis inclinaciones, no hice gestión ninguna en Madrid para que se me eligiese dispensándome de la edad.

"Ésta era mi situación a principios de 1860, cuando apenas había cumplido veintidós años. Se me presentaba un porvenir brillante; me querían mis amigos y compañeros; gozaba de una naturaleza privilegiada y de unas facultades mentales superiores; amaba a mi patria hasta el sacrificio, y me sentía poeta y dueño de una palabra fácil y atractiva.

"Pero el cólera morbo, que ya en 1834 atacó a mi madre y la dejó enfermiza para toda su vida, volvió a

herir a mi familia en 1860, arrebatándonos a mi hermano Julio, letrado notabilísimo, y atacándome también a
mí, que, habiendo quedado sumamente débil, tuve que
trasladarme a la provincia de Alicante, donde tenían mis
padres unas tierras. Al poco tiempo murieron también
mis padres. Estando en Valencia, algún tiempo después,
me casé con una joven distinguidísima. No habrían
transcurrido muchos meses de nuestro matrimonio,
cuando mi mujer murió, tras una larga y penosísima
enfermedad. Todo esto me anonadó y fue causa de que
saliera de Valencia por segunda vez.

"De 1860 a 1870 me dediqué en Petrel al ejercicio de
la abogacía y a mejorar las pocas tierras que había
heredado de mis padres. Al mismo tiempo remitía a mi
compañero y amigo Teodoro Llorente, director de *Las
Provincias,* correspondencias y artículos sobre el fomento de la agricultura en general y el arbolado en particular, tan notables, que la Sociedad de Amigos del País y
la de Agricultura y los periódicos de la capital me
felicitaron por mis trabajos de tanta utilidad social, y
aquellas sociedades, además, me honraron nombrándome socio corresponsal.

"Entre mis escritos apareció uno titulado: «Causas de
la despoblación de los montes de España; sus fatales
consecuencias para la agricultura, salubridad y seguridad públicas. Sus remedios.» Y entre los que yo proponía para evitar la destrucción de los montes públicos y
conseguir su repoblación, fue la completa y absoluta
desamortización de la propiedad forestal.

"Mis artículos llamaron la atención; muchos periódicos de Madrid y provincias, pero en particular *La
Gaceta Económica,* que era el órgano más autorizado de
la escuela economista, reprodujeron dichos trabajos,
elogiándolos calurosamente. El cuerpo de Ingenieros de
Montes comprendió que tenía delante un enemigo, y,
aparte de fundar *La Revista Forestal,* sin duda (aunque
otra cosa quisiera dar a entender) con el principal objeto
de contrarrestar las doctrinas desamortizadoras sostenidas por mí y toda la escuela economista, delegó en el

ilustrado y elocuente escritor y orador don Juan Navarro Reverter [68] la tarea de contestar a mis artículos.
Lanzóse Navarro Reverter al combate, remitiendo a *Las
Provincias* una serie de artículos en que intentaba de-
mostrar que la medida desamortizadora que yo había
propuesto bastaba por sí sola para, si se realizaba,
acabar con lo poco que quedaba en España de arbolado
en los montes públicos. Contesté yo, replicó Navarro
Reverter; pero mis argumentos quedaban en pie a pesar
de todo. Y la prueba es clara. *La Revista Forestal*
publicó todos los artículos de Navarro Reverter; de los
míos, *ni uno solo*. Si mi argumentación hubiera sido
frívola, ya los hubiera reproducido.

"No llevaba mucho tiempo en Petrel cuando fui elegido diputado provincial, y al poco tiempo individuo de la
Comisión, y, por fin, vicepresidente de la Diputación.
¿Qué te diré de mi gestión en la Casa de la provincia?
Defendí siempre los derechos e intereses provinciales de
una manera que no está bien que yo lo diga. Cuando
estuvieron los reyes Amadeo y Victoria en Alicante, en
1871, Bossio, el famoso fondista, presentó una cuenta de
17.000 duros. Mis compañeros todos estaban pagados.
Yo me opuse, y cuando el presidente dijo: *¡A votar!*, dije:
*Ustedes votarán lo que quieran, pero yo me marcho a
casa, tomo mi pluma y digo al público lo que he de decir.*
Resultado, que la cuenta quedó reducida a poco más de
la mitad.

"Maisonnave [69] quería que la Diputación le subven-

---

[68] *Juan Navarro Reverter (1844-1924):* ingeniero y político valenciano. Entusiasta defensor de la producción nacional, fue delegado español
en varias Exposiciones Universales. Entró en la política, servía en
comisiones para tratados de comercio, y fue ministro de Hacienda (con
Cánovas) en 1895 y presidente del Consejo. Fue también académico de
Ciencias Exactas, Físicas y Naturales y de la Lengua. Como dato
curioso: Navarro Reverter salió elegido a la Real Academia en 1913,
ante la candidatura de *Azorín,* favorecida por los más importantes
intelectuales. Y en 1924, *Azorín* fue elegido a la Real Academia para
ocupar el sillón P, vacante por el fallecimiento de Navarro Reverter.
[69] *Eleuterio Maisonnave y Cutayar (1840-1890):* político y periodista
alicantino. Desde joven se dedicó a preparar la Revolución de septiem-

cionase un ferrocarril de Alicante a Alcoy con varios millones. Todos estaban pagados. A mí nadie se me acercó; pero el expediente nunca se despachaba, Maisonnave lo tomó como una ofensa personal, y me desafió, ¡a mí, que, como el don Diego de *Flor de un día*,[70] mataba las golondrinas con bala y era digno rival en esgrima de mi maestro valenciano don Juan Rives! Pero mis creencias religiosas no me permitían batirme. Así se lo dije a Maisonnave en una carta; pero añadiéndole que aquellas creencias no me impedían defenderme. La subvención no se concedió; pero en Alicante le han levantado ahora una estatua a Maisonnave.

"En Orihuela querían un hospital provincial. Toda la Diputación estaba conforme, y los que se oponían lo hacían fríamente. Mi conciencia como presidente de la Comisión me obligaba a oponerme; en primer lugar, porque la Diputación debía muchos miles de duros por obligaciones de beneficencia, carreteras, etc., y en segundo, porque con el hospital de Elda bastaba. Sabía también lo que sucedía en los hospitales de distrito. Me llamó el gobernador, diciéndome que el ministro deseaba complacer a sus amigos de Orihuela. Me hablaron Santonja y don Tomás Capdepón,[71] diputado por Orihuela. Me escribió Rebagliatto, gran cacique de aquella ciudad, y a más, íntimo de mi padre, pues se querían como hermanos. A todos contesté que mi conciencia me lo impedía. Vino la discusión en la Diputación. Hablé, y hubo empate en la primera vota-

---

bre. Concejal y alcalde de Alicante, fue diputado en 1873 y luego ministro de Estado y Gobernación. Fundó la Caja de Ahorros de Alicante, y desde 1886 dirigió el periódico madrileño *El Globo*.

[70] Drama de Francisco Camprodón, cuyo estreno en 1851 había sido uno de los mayores éxitos de la época.

[71] *Tomás Capdepont y Martínez (1820-1877):* político y periodista. Fue copropietario y redactor de *El Correo*, periódico en el que defendió la política de la unión liberal. En 1858 fue elegido diputado a Cortes por Orihuela, y en 1866 tuvo que emigrar a consecuencia de haber firmado como diputado la exposición dirigida a Isabel II. Después de la Revolución de septiembre de 1868 fue nuevamente diputado y subsecretario de Hacienda.

ción. Volví a hablar, volvió a votarse, y tuve mayoría. Y no se concedió el hospital a Orihuela.

"Permanecí en la Diputación de Alicante desde el año 1871 hasta el 1876, en que me trasladé a Madrid. Durante estos cinco años me encontraba en lo mejor de la vida, de los treinta a los treinta y cuatro años; atendía a muchos y variados trabajos; por una parte, a la Diputación, cuyo peso llevaba casi yo solo; por otra, continuaba al frente de mi despacho de abogado, que tenía abierto en Petrel, primero, y en Alicante después, el cual despacho llegó a adquirir tal prestigio que me fue preciso tener en él dos compañeros que me ayudasen, uno de ellos don José Maestre y Vera, [72] presidente que ha sido de la Diputación y gobernador de Vizcaya. Puedo decir que he tenido tanto éxito en los asuntos por mí tratados, que no he perdido ni un solo pleito. A pesar de tanto trabajo, aún me quedaba tiempo para asistir a las veladas literarias del excelente literato y cronista de la provincia don Juan Vila [73] y del inspirado poeta Alejandro Harssem, barón de Mayals. [74] En este perído de cinco años escribí la mayor parte de mis poesías. De esta época es mi composición *A la Purísima,* que leí por primera vez en una sesión celebrada el 8 de diciembre de 1872, en el altar mayor de Santa María, de Alicante, presidida por el señor obispo de Orihuela, don Pedro María Cubero, la cual poesía despertó un entusiasmo extraordinario. Entonces tomé todos los años la cos-

[72] *José Maestre y Vera:* nacido en Elda, fue, como nos dice Martínez Ruiz, presidente de la Diputación Provincial de Alicante, y luego Gobernador Civil de Vizcaya. Amigo íntimo del padre del futuro *Azorín,* fue importante romerista. Martínez Ruiz le dedica uno de sus primeros folletos, *Literatura (1896).*

[73] *Juan Vila y Blanco (1813-1886):* poeta y escritor alicantino. Fue uno de los creadores del Liceo Artístico de Alicante, y, como dice Martínez Ruiz aquí, desempeñó el cargo de cronista de la provincia de Alicante.

[74] *Alejandro Harssem, barón de Mayals:* alicantino ilustre, murió hacia fines del siglo XIX. Fue banquero, artista y literato a quien se deben *Cien páginas en verso* y *Don Jaime el Conquistador.* Tuvo gran empeño en crear una biblioteca pública.

tumbre, el día 8 de diciembre, de corregir o adicionar la dicha oda a la Inmaculada, y en tal estado la dejé, que más que oda es un canto épico.

"También escribí en Alicante, con motivo de la restauración de la iglesia de San Roque, mi poesía *La erección de un templo*. Y también, en distintas ocasiones, la égloga *A la primavera*, la elegía *A la muerte de una niña*, y otras. Pero el principal trabajo literario que hice en Alicante fue el romance histórico *Don Jaime el Conquistador*, que obtuvo el primer premio, consistente en una pluma de oro y plata, en el certamen poético celebrado en mayo de 1876.

"Como siempre sucedía en casos semejantes, yo pronuncié, en el acto de la distribución de premios, un breve discurso que produjo en Alicante un inmenso entusiasmo. Al poco tiempo de celebrado este certamen trasladé mi domicilio a Madrid, renunciando a mi cargo de vicepresidente de la Diputación, con el objeto de dedicarme exclusivamente a la práctica del foro. Esto ocurría por el mes de julio de 1876, y al reunirse la Diputación en noviembre de dicho año me dedicó en su Memoria semestral el siguiente párrafo: «No cumpliría con un deber que a la vez imponen los fueros de la cortesía y el homenaje que las rectas conciencias rinden a la verdad si al comenzar este trabajo la Comisión no hiciese público el sentimiento de consideración que debe al que fue su dignísimo vicepresidente, don Pascual Verdú, el cual renunció su cargo en julio último no por disentimiento con sus compañeros, sino por tener que trasladar su residencia a Madrid. Al consignar estas breves frases en honor al celoso funcionario que ha prestado el concurso de su palabra, siempre elocuente, y de su voluntad, siempre inquebrantable, en pro de los intereses de la provincia, la Comisión cree que se hace intérprete de los sentimientos de la Diputación, al dejar estampado en este documento el tributo de respetuosa consideración que le merece el inteligente diputado y vicepresidente que fue de la Comisión.»

"En Madrid permanecí de julio de 1876 a diciembre

de 1882. El tiempo que estuve en la corte lo dediqué exclusivamente a mis trabajos de abogado y a la práctica de la caridad, como socio de San Vicente de Paúl y Asociación de Católicos. Fui también socio del Ateneo y de la Juventud Católica. Esta última sociedad me honró con el cargo de presidente de la sección de Derecho. Cuando yo leía en la Juventud Católica, Selgas [75] (1876) dijo una vez a Monasterio (el violinista): «¿Usted no ha oído recitar versos a Verdú?» «No», contestó Monasterio. «Pues imagínese usted a Calvo y Vico [76] fundidos en uno, y no llegará e cien leguas al encanto que produce oír leer a este hombre.»

"Cuando hablaba en el Tribunal Supremo y en el Consejo de Estado, a las primeras palabras quedaban como en suspenso los magistrados, y don Carlos Bonet, fiscal del Supremo, me decía: «¿Qué demonios tienes, que esta gente, que ya está empachada de informes, cuando tú hablas parecen unos memos oyéndote?»

"De labios de varios prelados, que de paso en Madrid asistían a las veladas de la Juventud Católica, he oído lo que nadie ha oído, y lo mismo de los nuncios y demás sacerdotes ilustrados. El padre Ceferino González [77] me dijo: «Sevilla tiene la gloria de ser la patria del mejor pintor de la Virgen; Valencia, de serlo del mejor poeta de la Purísima.» Rampolla [78] quiso que fuera a Roma.

[75] *José Selgas y Carrasco (1822-1882):* poeta, novelista y periodista. Conservador, fue redactor de algunas revistas satíricas (*El Padre Cobos* y *La Gorda*), y luego director de *La España* y cronista de *El Diario de Barcelona.*
[76] *Rafael Calvo (1842-1888)* y *Antonio Vico (1840-1902):* amigos y competidores, se contaban entre los mejores actores dramáticos de la segunda mitad del siglo XIX. Entre uno y otro desempeñaban el primer papel en las obras dramáticas más importantes que se estrenaban en aquella época. En 1886 trabajaron juntos durante una temporada en El Español. Vico empezó su carrera en el teatro Princesa de Valencia.
[77] *Ceferino González y Díaz Tuñón (1831-1894):* dominico que llegó a ser obispo de Córdoba y luego de Sevilla. En 1884 recibió el capelo cardenalicio, y en 1885 pasó como arzobispo y primado a Toledo. Destacó como filósofo escolástico con *Estudios sobre la filosofía de Santo Tomás,* y en obras breves atacó el positivismo y el espiritismo.
[78] *Mariano Rampolla del Tindaro (1843-1913):* cardenal italiano. En

«Es necesario que venga usted a Roma —me dijo—. Quiero que Su Santidad le oiga leer a usted sus poesías... ¿Por qué no funda usted un periódico?»

"Manterola [79] se entusiasmaba también oyéndome.

"En el Ateneo hablé tres noches, tomando parte en las discusiones sobre *la poesía religiosa* y *el arte por el arte.* [80] Mis discursos fueron elogiados y aplaudidos...

"La Juventud Católica me designó como su representante para asistir al certamen que se celebró en Sevilla en honor de Murillo; pero no pude asistir porque me lo impidieron mis asuntos profesionales. En cambio, asistí al centenario de Santa Teresa y en su honor publiqué en *La Unión Católica* una poesía.

(Al llegar aquí acaba la letra gruesa y comienza otra vez la fina y enredijada de Verdú.)

"Todo marchaba para mí en dirección al éxito. ¿Cómo me veo otra vez en este pueblo, enfermo, solo, olvidado?

"En el verano de 1883 tuve una ligera indisposición; no parecía nada, pero se fue agravando hasta tal punto, que estuve largo tiempo enfermo. No tenía a nadie; estaba mal cuidado, y para colmo de infortunio caí en manos de médicos desaprensivos. Cuando pude levantarme me fui a Valencia. Allí me recibieron en palmas; fui socio del *Rat Penat,* de la Sociedad de Agricultura, de la Academia de la Juventud Católica... De pronto, un verano no volví a aparecer más por Valencia, porque había vuelto a caer enfermo en Petrel, y aquí comenzó mi calvario.

"¡Cuánto he sufrido y cuánto sufro, querido Antonio! Mi vida ha fracasado; podía haber sido algo y no he sido nada. ¿Por qué, por qué?

1875 fue nombrado nuncio en España, y luego en 1882 ocupó el nuevo puesto de nuncio en Madrid.

[79] *Vicente de Manterola y Pérez (1843-1891):* sacerdote, político y escritor español. Diputado, sus discursos en las Cortes le dieron fama de gran orador. Fue carlista.

[80] Véase la nota 60.

"Ven pronto.

"Te abraza tu tío

PASCUAL." [81]

* * *

Y ésta es la carta que ha recibido Azorín: una página de nuestra historia contemporánea, un fragmento vivo, auténtico, con detalles vulgares, con rasgos épicos —¡en la realidad todo va junto!— de nuestra vida de provincias literaria y política.

XIX

Hoy Azorín se ha marchado a Petrel. Petrel se asienta en el declive de una colina, solapado en la fronda, a la otra banda del valle de Elda, dominando con sus casas blancas y su castillo bermejo el oleaje, verde, gris, azul, de la campiña. Monóvar está a la parte de acá, frente a frente, sobre una ancha meseta. El camino desciende en empinados recuestos, culebrea entre rapadas lomas, toca en un huertecillo de granados, se acosta a un plantel de olivares, empareja con un azarbe de aguas tranquilas, pasa rozando el cubo de un molino, entra, por fin, en las huertas frescas y amenas de Elda.

Y he aquí la misma Elda, que los iberos, grandes poetas, llamaron *Idaella,* de *Daellos,* que en nuestra lengua es *casa de regalo.* El palacio vetusto de los

[81] Como se ha señalado antes, esta biografía de Verdú es una transcripción de partes de unas notas para su biografía, incluidas en una carta a Martínez Ruiz de su tío Amat y Maestre, del 6 de octubre de 1893, y de un escrito, "Mi biografía", mandados a Martínez Ruiz con el objeto de que éste escribiese un prólogo-biografía sobre Amat para una edición de sus obras. Véase el libro de Pavía y Pavía, ya mencionado, donde se estudia el asunto en detalle.

Coloma, virreyes de Cerdeña, muestra en lo alto sus dorados muros ruinosos; abajo, el pueblo se extiende en tortuosas callejas apretadas. El Vinalopó corre en lo hondo. Y dos fuentes, la de Alfaguar y la Encantada, parten y reparten sus aguas en una red de plata que se esparce y refulge por la llanura. Espaciosos cuadros de hortalizas ensamblan con plantaciones de viñedos; junto a los granados se enhiestan los almendros. Y los anchos y redondos nogales ponen con su penumbra, sobre el verde claro de la alfalfa, grandes círculos de azulado verdoso.

Elda es un pueblo activo. La agricultura no bastaba para su vida: ha nacido la industria. Y es una sola industria que hace trabajar a todos los obreros en lo mismo, que los conforma con iguales aptitudes, que mueve toda la actividad del pueblo en una orientación idéntica. Cuatro, seis fábricas alientan rumorosas. Y en todas las calles, en todas las casas, en todos los rincones suena el afanoso y sonoro tic-tac del martillo sobre la horma.

Los domingos, todos estos hombres, un poco encorvados, un poco pálidos, dejan sus mesillas terreras y se disgregan en grupos numerosos y alegres por los pueblos circunvecinos. Los labriegos miran absortos y envidiosos a sus antiguos compañeros. Y ellos gritan, bravuconean, cantan la eterna romanza de *Marina*, [82] hacen sonar con garbo sus monedas sobre los mármoles.

Hoy es domingo. Los cafés de Elda están repletos. Azorín ha entrado en uno de ellos. A su lado un grupo de obreros leía un periódico. Y Azorín estaba tomando tranquilamente un refresco cuando ha visto que estos obreros se le acercaban y decían:

—Señor Azorín, nosotros le conocemos a usted... y desearíamos que nos dijese cuatro palabras.

---

[82] Martínez Ruiz no debe referirse a la conocida romanza del tenor ("Costas, las de Levante, / Playa, la de Lloret") de la famosa zarzuela de Camprodón, *Marina* (1855, convertida en ópera por Ramos Carrión y estrenada en el Real en 1871), sino seguramente al brindis ("A beber, a beber y a apurar / las copas de licor...").

¿Estos hombres quieren que Azorín les diga cuatro palabras? ¡Azorín, orador! Esto es enorme. Azorín ha protestado cortésmente; los obreros han insistido con no menos cortesía. Y entonces Azorín, ya puesto en tan terrible trance, se ha levantado. Después de levantarse ha sonreído con discreción. Y después de sonreír, mientras todos los concurrentes esperaban en un profundo silencio, se ha puesto por fin a hablar y ha dicho:

"Amigos: Una vez era un pobre hombre que estaba muy enfermo. Y como era pobre, no tenía dinero para comprarse ni alimentos ni medicinas. Pero tenía un amigo periodista. Los periodistas son buenos, son sencillos, son amables. Y este periodista —que, como es natural, tampoco tenía dinero— publicó en su periódico un suelto en que demandaba la caridad para su amigo.

Cuando salió el periódico, mucha gente leyó el suelto y no hizo caso; pero hubo tres hombres que sacaron un cuadernito pequeño y apuntaron las señas. De estos tres hombres, uno era grueso y con la barba negra; otro era delgado y con la barba rubia, y el tercero, que no era grueso ni delgado, no tenía barba. Pero los tres pensaron seriamente en que había que socorrer al pobre enfermo, y los tres se encaminaron a su casa, cada uno por distinto camino.

Todos llegaron al mismo tiempo a ella, y como se saludaron familiarmente, se puede decir que se conocían de antiguo. Ya ante el enfermo, el que no tenía barba bajó los ojos, cruzó las manos sobre el pecho y dijo:

—El mal es grave, pero, en mi humilde juicio, puede curarse con resignación de una parte y caridad de otra...

Al oír esto el de la barba rubia se estiró los puños, arqueó los brazos y le atajó diciendo:

—Perdone usted; el pueblo es soberano. Lo que importa es que conozca sus derechos y que los conquiste...

Al llegar aquí, el de la barba negra levantó la cabeza, les miró con desprecio y arguyó en esta forma:

—Están ustedes en un error; el mal tiene más hondas causas. Ante todo, hay que nacionalizar la tierra...

Apenas hubo dicho estas palabras, cuando los otros

dos le interrumpieron dando voces; replicó en el mismo tono el de la barba negra, y tal escándalo promovieron entre los tres, que las gentes de la vecindad, que eran todas muy pobres, acudieron a la casa del enfermo y los arrojaron de ella.

Y estas pobres gentes decían:

—No, no queremos a nuestro lado falsos doctores; no queremos palabras seductoras; no queremos bellos proyectos. Nosotros somos pobres y nos bastamos a nosotros mismos. En nosotros está la salud, y nosotros curaremos a este hombre.

Y entonces este hombre sonrió con una sonrisa divina, y los miró con una mirada dulce, y cogió sus manos y las estrechaba blandamente contra su pecho.

Porque había visto que estos hombres eran sus hermanos y que la verdadera salud estaba en ellos." [83]

* * *

Azorín ha continuado su viaje hacia Petrel. De Elda a Petrel hay media hora; el camino corre entre grata y fresca verdura.

Petrel es un pueblecillo tranquilo y limpio. Hay en él calles que se llaman de Cantararias, del Horno de la Virgen, de la Abadía, de la Boquera; hay gentes que llevan por apellidos Broqués, Boyé, Bellot, Férriz, Guill, Meri, Mollá; hay casas viejas con balcones de madera tosca, y casas modernas con aéreos balcones que descansan en tableros de rojo mármol; hay huertos de limoneros y parrales, lamidos por un arroyo de limpias aguas; hay una plaza grande, callada, con una fuente en

---

[83] En esta parábola —técnica narrativa importante para la estructura de *Antonio Azorín*— Martínez Ruiz revela su escepticismo hacia la actividad social y política. En términos generales, los tres hombres podrían representar la Iglesia, el socialismo y las teorías económicas de los regeneracionistas —símbolos de posibles soluciones al problema de España alrededor de 1900—. La postura de Martínez Ruiz aquí se contrasta fuertemente con las ideas expresadas sobre todo en la última parte de *Antonio Azorín*. Véase la Introducción.

medio y en el fondo una iglesia. La fuente es redonda; tiene en el centro del pilón una columna que sostiene una taza; de la taza chorrea por cuatro caños perennemente el agua. La iglesia es de piedra blanca; la flanquean dos torres achatadas; se asciende a ella por dos espaciosas y divergentes escaleras. Es una bella fuente que susurra armoniosa; es una bella iglesia que se destaca serena en el azul diáfano. Las golondrinas giran y pían en torno de las torres; el agua de la fuente murmura placentera. Y un viejo reloj lanza de hora en hora sus campanadas graves, monótonas.

SEGUNDA PARTE

I

La casa de Verdú es ancha, clara, limpia. Tiene un zaguán solado de grandes losas; a la derecha, la escalera asciende con su barandilla de forjados hierros; en el fondo se abre la recia puerta de nogal que franquea el despacho. El despacho es de paredes blancas, con dos armarios llenos de libros, con una mesa de columnillas salomónicas, con anchos fraileros acá y allá adornados de chatones lucientes. En las paredes, entre los estantes, lucen dos grandes litografías lyonesas; en la una pone: *Comme l'amour vient aux garçons,* y representa un mozuelo ensimismado, compuestito, que se aleja con una muchacha hacia un baile; en la otra dice: *Comme l'amour vient aux filles,* y figura dos niñas que oyen embelesadas la dulce música de un garzón lindo.

Cuidadosamente colocados en una vitrina, todo limpio, todo de plata, relucen una imagen de la Virgen aragonesa, un servicio de afeitar —con su palangana de collete, su jarro, su bola para jabón—, seis macerinas y una bandeja cuadrada. "Todo esto —declara una cartela— le tocó a doña Eulalia Verdú y Brotóns en la rifa que se ejecutó en Zaragoza a beneficio del Santo Hospital Real y general de Nuestra Señora de Gracia el día 27 de noviembre de 1830."

A la derecha, en el fondo del despacho, se abre una espaciosa alcoba, y frente a la puerta de entrada una gran reja moveliza que da paso a un patio. El patio está enladrillado de cuadrilongos ladrillos rojos; una parra lo anubla con fresco toldo; al final, una cancela deja ver por entre sus varillajes, festoneados de encendidos geranios, una sombrosa huerta de naranjos, de higueras con sus brevas adustas, de ciruelos con sus doradas prunas, de manzanos con sus grandes pomas rosadas... En otoño, los racimos de granos alongados cuelgan entre los pámpanos en vistosas estalactitas de oro; las abejas zumban; van y vienen en vuelo sinuoso las mariposas, que se despiden de la vida. Y un sosiego armonioso se exhala de los crepúsculos vespertinos en el callado patio, bajo la parra umbría, mientras el huerto se sume en la penumbra y suenan lentas, una a una, las campanadas del Ángelus.

* * *

Verdú pasea por la estancia. Es alto; su cabellera es larga; la barba la tiene intonsa; su cara pálida está ligeramente abotagada. Camina despacio, deteniéndose, apoyándose en los muebles. A veces hace una larga inspiración, echa la cabeza hacia atrás y la mueve a un lado y a otro. No puede dormir; casi no come.

Sobre la mesa hay un vaso con leche y unos bizcochos; de tarde en tarde Verdú se detiene ante la mesa, coge un bizcocho y lo sume en el vaso; luego se lo lleva a la boca, poniendo la muñeca casi a la altura de la frente, con el metacarpo diagonal y los dedos caídos, en un gesto de supremo cansancio. Verdú viste con traje oscuro, holgado; la camisa es de batista, blanda, sin corbata; calza unos zapatos suizos; lleva los tres últimos botones del chaleco sin abrochar.

—¡Ay, Antonio! —exclamó Verdú—. Yo no puedo soportar más este dolor que me abruma y no me deja reposar un momento.

Azorín mira pensativo a Verdú, como antaño miraba a Yuste. Un mundo de ideas le separa de Verdú; pero ¿qué importan las ideas rojas o blancas? Lo que importan son los bellos movimientos del alma; lo que importa

es la espontaneidad, la largueza, la tolerancia, el ímpetu
generoso, el arrebato lírico. Y Verdú es un bello ejem-
plar de esos hombres-fuerzas que cantan, ríen, se apa-
sionan, luchan, caen en desesperaciones hondas, se
exaltan en alegrías súbitas; de uno de esos hombres que
accionan fáciles, que caminan rápidos, que hablan tu-
multuosos, que dicen jovialmente a los necesitados:
"¡Ah!, sí, sí, desde luego", que tienden los brazos para
abrazar desde la segunda entrevista, que piensan sinceramente al recibir la ofensa: "Soy yo, soy yo el que tiene
la culpa", que suben sesenta escalones, y otros sesenta, y
otros cincuenta para hacer un favor al amigo del amigo
de un amigo, que contestan las cartas a correo vuelto,
que lanzan largos telegramas entusiastas por nimias
felicitaciones, que son buenos, que son sencillos, que son
grandes.

* * *

A ratos, fragmentariamente, charlan Verdú y Azorín.
Largos silencios entrecortan los coloquios. Un jilguero,
colgado en el patio, canta en arpegios cristalinos. Y en
un rincón, ensimismado, encogido, triste, muy triste,
callado siempre, un viejo que viene invariablemente
todas las tardes, se acaricia con un gesto automático sus
claras patillas blancas.

Esta viejo se llama don Víctor y tiene dos o tres
apellidos como todos los mortales; pero ¿para qué
consignarlos? Ya don Víctor no es casi nada; es un resto
de personalidad; es un rezago lejano de ente humano. Y
ni aun don Víctor cabe llamarle, sino *un viejo* —uno de
esos viejos tan viejos que si dicen alguna vez: *Cuando yo
era joven...* parece que abren un cuarto oscuro del que
sale una bocanada de aire húmedo.

* * *

—Yo no quiero creer, Azorín —dice Verdú—, que
esto sea todo perecedero, que esto sea todo mortal y

deleznable, que esto sea todo materia. Yo oigo decir...
yo leo... yo observo... por todas partes, todos los días,
que las ideas consoladoras se disgregan, se pierden,
huyen de las Universidades y las Academias, desertan de
los libros y de los periódicos, se refugian —¡único
refugio!— en las almas de los labriegos y de las mujeres
sencillas... ¡Ah, qué tristeza, querido Azorín, qué tristeza
tan honda!... Yo siento cómo desaparece de una sociedad nueva todo lo que yo más amo, todo lo que ha sido
mi vida, mis ilusiones, mi fe, mis esperanzas... Y no
puedo creer que aquí remate todo, que la sustancia sea
única, que la causa primera sea inmanente... Y, sin
embargo, todo lo dice ya en el mundo... por todas
partes, a pesar de todo, contra todo, estas ideas se van
filtrando..., estas ideas inspiran el arte, impulsan las
ciencias, rigen los Estados, informan los tratos y contra-
tos de los hombres...

Ligera pausa. Verdú mueve su cabeza suavemente
para sacudir el dolor. Don Víctor se acaricia sus patillas
blancas. Azorín mira a lo lejos, en el huerto, cómo giran
y tornan las mariposas, sobre el follaje, bajo el cielo
diáfano.

Y Verdú añade:

—No, no, Azorín; todo no es perecedero, todo no
muere... ¡El espíritu es inmortal! ¡El espíritu es indes-
tructible!

Y luego, exaltado, abriendo mucho sus ojos tristes,
golpeándose la frente:

—¡Ah, mi espíritu!... ¡Mi vida perdida, mis energías
muertas!... ¡Ah, el desconsuelo de sentirse inerte en
medio de la vibración universal de las almas! [84]

Y se ha hecho un gran silencio. Y en el aire parece
que había sollozos y lágrimas. Y han sonado lentas, una
a una, las campanadas del Ángelus.

---

[84] Las ideas y emociones de Verdú en este monólogo provienen de las
intervenciones de Amat y Maestre en los debates sobre la poesía
religiosa en el Ateneo. Véase la nota 60.

II

Sarrió es gordo y bajo; tiene los ojos chiquitos y bailadores, llena la cara, tintadas las mejillas de vivos rojos. Y su boca se contrae en un gesto picaresco y tímido, apocado y audaz, un gesto como el de los niños cuando persiguen una mariposa y van a echarle la mano encima. Sarrió lleva, a veces, un sombrero hondo un poco en punta; otras, una antigua gorra con dos cintitas detrás colgando. Su chaleco aparece siempre con los cuatro botones superiores desabrochados; la cadena es de plata, gorda y con muletilla.

Sarrió es un epicúreo; pero un epicúreo en rama y sin distingos. Ama las buenas yántigas; es bebedor fino, y cuando alza la copa entorna los ojos y luego contrae los labios y chasca la lengua. Sarrió no se apasiona por nada, no discute, no grita; todo le es indiferente. [85] Todo

---

[85] La profesora Anna Krause avanza la teoría de que Sarrió es un retrato literario de Silverio Lanza, basándose en tres detalles de su persona que menciona Gómez de la Serna en su capítulo sobre Lanza en *Azorín* (cf. Krause, *Azorín. The Little Philosopher*, p. 198). Sin embargo, el mismo *Azorín* (en "Silverio Lanza", *Clásicos y modernos*, y en otra estampa de igual título en *Madrid*) le recuerda sólo como un escritor original, con personalidad intrigante y misteriosa, y gran enemigo del caciquismo —características que no tienen nada en común con el personaje de *Antonio Azorín*—. No creemos que se inspirara Sarrió en ningún conocido del joven Martínez Ruiz, sino más probablemente en una fuente libresca. Marie-Jean Guyau, el filósofo francés citado muy a menudo por el futuro *Azorín*, fue gran propagador de la moral de Epicuro (*Morale d'Épicure*, 1886). Y en el texto grabado en un cilindro fonográfico para un centro obrero y recopilado en *Soledades*, 1898 (*OC*, I, pp. 368-371), Martínez Ruiz, citando el libro de Guyau *Esquisse d'une morale sans obligation ni saction*, y elogiando a Epicuro como "uno de los más eminentes pensadores, si no el primero, de la Humanidad" (tesis de Guyau en *Morale d'Épicure*), resume sus doctrinas: "El placer, el bienestar es el fin de la vida; debemos vivir —todos— lo mejor que podamos. Combatamos el dolor, combatamos la tristeza, las molestias de la vida. El placer expansiona, vivifica, da energías, hace a los hombres alegres, dadivosos, liberales; el dolor entristece, deprime, debilita, mata." De todas formas, Sarrió se desprende de sus posibles orígenes librescos para hacer el papel del indiferente a los asuntos de la

menos esos gordos capones que traen del campo y a los cuales él les pasa con amor y veneración la mano por el buche; todo menos esos sólidos jamones que chorrean bermejo adobo, o penden colgados del humero; todo menos esos largos salchichones aforrados en plata que él sopesa en la mano y vuelve a sopesar como diciendo: "Sí, éste tiene tres libras"; todo menos esas opulentas empanadas de repulgos preciosos, atiborrados de mil cosas pintorescas; todo menos esas chacinas extremeñas; todo menos esos morteruelos gustosos; todo menos esas deleznables mantecadas, menos esos retesados alfajores, menos esos sequillos, esos turrones, esos mazapanes, esos pestiños, esas hojuelas, esos almendrados, esos piñonates, esas sopaipas, esos diacitrones, esos arropes, esos mostillos, esas compotas...

Sarrió vive en una casa vieja, espaciosa, soleada, con un huerto, con una ancha acequia que pasa por el patio en un raudal de agua transparente. Sarrió tiene una mujer gruesa y tres hijas esbeltas, pálidas, de cabellera espléndida: Pepita, Lola, Carmen. Tres muchachas vestidas de negro que pajarean por la casa ligeras y alegres. Llevan unos zapatitos de charol, fina obra de los zapateros de Elda, y sobre el traje negro resaltan los delantales blancos, que se extienden ampliamente por la falda y suben por el seno abombado, guarnecidos de sutiles encajes rojos.

Por la mañana, Pepita, Carmen, Lola se peinan en la entrada, luciente en sus mosaicos pintorescos. El sol entra fúlgido y cálido por los cuarterones de la puerta; los muebles destacan limpios; gorjea un canario. Y la peinadora va esparciendo sobre la espalda las blondas y ondulantes matas. Y un momento estas tres niñas blancas, gallardas, con sus cabelleras de oro sueltas, con la cabeza caída, semejan esas bellas mujeres desmelena-

---

inteligencia y de la meditación. Sirve de contrapeso a la enfermedad del protagonista.

das de Rafael en su *Pasmo*, de Ghirlandajo [86] en su *San Zenobio*.

Luego, Pepita, Carmen, Lola trabajan en esta misma entrada, durante el día, con sus bolillos, urdiendo fina randa. Las tres tienen las manos pequeñas, suaves, carnositas, con hoyuelos en los artejos, con las uñas combadas. Y estas manos van, vienen, saltan, vuelan sobre el encaje, cogen los bolillos, mudan los alfileres, mientras el dedo meñique, enarcado, vibra nerviosamente y los macitos de nogal hacen un leve traqueteo. De rato en rato, Pepita, o Lola, o Carmen, se detienen un momento, se llevan la mano suavemente al pelo, sacan la rosada punta de la lengua y se mojan los labios...

Y así hora tras hora. Al anochecer, ellas y sus amigas pasean por esta bella plaza solitaria, de dos en dos, de tres en tres, cogidas de la cintura, con la cabeza inclinada a un lado, mientras cuchichean, mientras ríen, mientras cantan alguna vieja tonada melancólica. En el fondo, la iglesia se perfila en el azul negruzco; el aire es dulce; las estrellas fulguran. Y el agua de la fuente cae con un manso susurro interminable...

III

El cielo se nubla; relampaguea; caen sonoros goterones sobre la parra. Y un chubasco se deshace en hilos brilladores entre los pámpanos.

Verdú mira el sol que de nuevo ha vuelto a surgir tras la borrasca. Don Víctor, en un rincón, siempre inmóvil, siempre triste, muy triste, se acaricia en silencio sus blancas patillas ralas.

---

[86] *Rodolfo Ghirlandajo (1483-1561):* pintor italiano cuyos cuadros más importantes acusan influencia de su amigo Rafael. Martínez Ruiz se refiere al famoso cuadro *Dos hechos de la vida de San Zenobio.*

—Yo amo la Naturaleza, Antonio —dice Verdú—; yo amo, sobre todas las cosas, el agua. El cardenal Belarmino dice que el agua es una de las escalas para subir al conocimiento de Dios. [87]

El agua —escribe él— "lava y quita las manchas, apaga el fuego, refrigera y templa el ardor de la sed, une muchas cosas y las hace un cuerpo, y últimamente, cuanto baja, tanto sube y se levanta después...". Pero Belarmino no sabía que el agua tiene sus amores; los santos no saben estas cosas. Y yo te diré los amores del agua.

El agua ama la sal; es un amor apasionado y eterno. Cuando se encuentran se abrazan estrechamente; el agua llama hacia sí la sal, y la sal, toda llena de ternura, se deshace en los brazos del agua... ¿No has visto nunca en el verano cómo desciende la lluvia en esos turbiones rápidos que refrescan y esponjan la verdura? El agua cae sobre las anchas y porosas hojas y busca a su amiga la sal; pero la sal está aprisionada en el menudo tejido de la planta. Entonces el agua se lamenta de los desdenes de la sal, le reprocha su inconstancia, la amenaza con olvidarla. Y la sal, enternecida, hace un esfuerzo por salir de su prisión y se une en un abrazo con su amada. Sin embargo, ocurre que el sol, que tiene celos del agua, a la que también adora, sorprende a los dos amantes y se pone furioso. "¡Ah —exclama en ese tono con que se dicen estas cosas en las comedias—, ¡ah! ¿Con que estás hablando de amores con la sal? ¿Con que la has hecho salir de su cárcel, donde estaba encerrada por orden mía? ¡Pues yo voy a castigarte!" Y entonces el sol, que es un hombre terrible, manda un rayo feroz contra el agua;

---

[87] *Roberto Francisco Rómulo Bellarmino (1542-1621):* jesuita italiano que llegó a ser cardenal y teólogo del papa (Clemente VIII). Fue miembro de la Congregación del Santo Oficio y se dedicó a defender el catolicismo en contra de la secularización del mundo europeo. Su libro más importante fue *De Controversiis.* En 1615, retirado de la vida activa, escribe *De Ascensone Mentis in Deum per Scalam Rerum Creaturarum,* libro de devoción que llegó a una popularidad extraordinaria. Martínez Ruiz cita del capítulo, *ex consideratione aquarum ac praecipue fontium.*

la cual, como es tan inocente, tan medrosica, abandona
a la sal y huye toda asustada.

Y ésta es la causa, Antonio, por qué en el verano,
cuando ha pasado el chubasco y el sol luce de nuevo,
vemos sobre las hojas de algunas plantas, las cucurbitá-
ceas, por ejemplo, unas pequeñas y brilladoras flores-
cencias salinas...

IV

Hoy ha llegado un músico errabundo. Él se hace
llamar Orsi, pero yo sé que se llama sencillamente Ríos.
Ríos toca el violoncello; es alto, gordo; su cráneo está
casi glabro; sobre las sienes asoman unos aladares
húmedos y estirados; una melenita blanquecina baja
hasta el cuello.

A Orsi acompaña una muchacha esbelta. Esta muchacha tiene la cara ovalada, largas las pestañas, los ojos
dulcemente atristados; viste un traje nuevo con remem-
branzas viejas, y hay en toda ella, en sus gestos, en su
andar, en sus arreos, un aire de esas figuras que
dibujaba Gavarni, [88] tan simples, tan elegantes, tan
simpáticas, con la cabeza inclinada, con el pelo en
tirabuzones, con las manos finas y agudas cruzadas
sobre la falda, que cae en tres grandes alforzas sobre los
pies buidos.

Orsi tiene un monóculo. Este monóculo ha sido el
origen de su amistad con Azorín. Un hombre que gasta
monóculo es, desde luego, digno de la consideración
más profunda. Esta tarde Orsi recorría indolentemente
las calles. De rato en rato Orsi se ponía su monóculo y
se dignaba mirar a estos pobres hombres que viven en
un pueblo. De pronto un joven ha aparecido en un

[88] *Gavarni*: véase la nota 9.

portal. ¿Necesitaré describir este joven? Es alto; va vestido de negro; lleva una cadenita de oro, en alongados eslabones, que refulge en la negrura, como otra idéntica que lleva el consejero Corral, pintado por Velázquez. Es posible que Orsi no conozca este cuadro de Velázquez, y, por lo tanto, no haya advertido dicho detalle. [89] Por eso, sin duda, ha dirigido al citado joven una mirada piadosa a través de su cristal. Entonces el joven, lentamente, se ha llevado la mano al pecho, ha cogido otro monóculo, se lo ha puesto y ha mirado a Orsi con cierta conmiseración altiva. [90]

Orsi, claro está, se ha quedado inmóvil, estupefacto, asombrado. En Petrel, en este pueblo oscuro, en este pueblo diminuto, ¿hay un hombre que gasta monóculo? ¿Y este monóculo tiene cinta ancha y una gruesa armadura de concha? ¿Y es más grande, y más recio, más formidable, más agresivo que el suyo? Todas estas ideas han pasado rápidamente por el cerebro un poco hueco de Orsi. "Indudablemente —ha concluido—, yo puedo ser un genio, pero he de reconocer que aquí, en este pueblo, *no estoy solo.*"

Y ante el burgués innoble, entre este vulgo ignaro, Orsi y Azorín —¡no podía ser de otro modo!— se han reconocido como dos almas superiores, y han ido en compañía de Sarrió —que también a su manera es un alma superior— a tomar unas olorosas copas de ajenjo.

* * *

El concierto se ha celebrado en el casino. Había poca gente; era una noche plácida de estío. La niña simple se

---

[89] Difícilmente se advertía el detalle porque en el único retrato de don Diego Corral y Arellano pintado por Velázquez no hay cadena. O es una ironía típica del autor de *Antonio Azorín*, o estará pensando en uno de los varios cuadros o de Felipe IV o más bien del conde-duque de Olivares.

[90] Como "pose" para "épater le bourgeois", Martínez Ruiz, al principio del siglo, no sólo gastaba monóculo, sino que también llevaba un paraguas rojo y una cajita de plata de tabaco. Estos detalles se encuentran documentados en fotografías y testimonios personales.

Retrato de *Azorín*, por Ricardo Baroja.

Miguel Amat y Maestre (el "Pascual Verdú" de la novela).

sienta al piano; Orsi coge el violoncello, y lo limpia, y lo acaricia, y arranca de él agudos y graves arpegios.

Luego se hace un gran silencio. El piano preludia unas notas cristalinas, lentas, lánguidas. Y el violoncello comienza su canto grave, sonoro, melancólico, misterioso; un canto que poco a poco se apaga como un eco formidable, mientras una voz fina surge, imperceptible, y plañe dolores inefables, y muere tenue. Es el *Spirto gentil*, de *La Favorita*.[91] Orsi inclina la cabeza con unción; su mano izquierda asciende, baja, salta a lo largo del asta...

Cuando acaba la pieza, Orsi se levanta sudoroso y Azorín le ofrece un refresco.

—No, no, Azorín —contesta Orsi—; tengo miedo... un poquito de cognac...

El concierto vuelve a empezar. El arco pasa y repasa; el violoncello canta y gime. Un mozo discurre con una bandeja; la concurrencia se va retirando calladamente. Y el violoncello se queja discreto, sonríe irónico, parte en una furibunda nota larga.

—¡Qué calor, qué calor! —exclama Orsi cuando acaba—. Azorín, a ver, un poquito de cognac...

Son las doce. El salón está casi vacío. Diminutas mariposas giran en torno a las lámparas; por los grandes balcones abiertos entra como una calma densa y profunda que se exhala del pueblo dormido, de la oscuridad que en la calle silenciosa ahoga los anchos cuadros de luz de las ventanas.

Y entonces, en ese profundo silencio, Azorín ha dicho:

—Orsi, toque usted algo de Beethoven... la última sinfonía...[92] estamos solos...

---

[91] Aquí Martínez Ruiz alude a la famosa ópera de Cayetano Donizetti (1798-1848), cuya música pertenece a la escuela de Rossini, Bellini y Verdi.

[92] El autor demuestra aquí un total desconocimiento de la música. Que yo sepa, nadie habla de la "última" sinfonía de Beethoven, sino de la *Novena*. Y, desde luego, no se podría tocar la sinfonía coral —u otra sinfonía— en un solo de violoncello.

Y Orsi ha contestado:

—Beethoven... Beethoven... Azorín, un poquito de cognac por Beethoven.

Y el violoncello, por última vez, ha cantado en notas hondas y misteriosas, en notas que plañían dolores y semejaban como una despedida trágica de la vida.

Orsi levanta la cabeza; sus ojos brillan; su mano izquierda se abate con un gesto instintivo, todo vuelve al silencio.

* * *

Luego, en casa de Sarrió, los tres, en el misterio de la noche, ante las copas, bajo la lámpara, evocan viejos recuerdos.

—Azorín —dice Orsi—, ¿usted no conoció a Bottesini? Bottesini logró hacer con el violón lo que Sarasate con el violín. [93] ¡Qué admirable! Yo le oí en Madrid; cuando yo le conocí llevaba un pantalón blanco a rayitas negras.

Callan un rato largo. Y después Sarrió pregunta:

—¿A que no saben ustedes lo que me sucedió a mí en Madrid una noche?

Azorín y Orsi miran a Sarrió con visibles muestras de ansiedad. Sarrió prosigue:

—Una noche estaba yo en los Bufos; [94] no recuerdo qué función representaban. Era una en que salían unas mujeres que llevaban grandes carteras de ministro, y había otra que era reina... Yo estaba viendo la función muy tranquilo, cuando de pronto me vuelvo y veo a mi

[93] *Juan Bottessini (1823-1889):* músico italiano que además de ser compositor y director de orquesta, llegó a ser incomparable concertista del contrabajo. *Pablo de Sarasate (1844-1908):* virtuoso español de una elegancia técnica extraordinaria.

[94] *los Bufos madrileños:* una compañía de zarzuela fundada en 1866 para representar obras francesas del género bufo. Luego las sustituyeron con obras españolas. Francisco Arderíus dirigía los Bufos, que tenía su salón en el teatro-circo del Príncipe Alfonso, Madrid.

lado... ¿a quién dirán ustedes? A don Luis María Pastor.[95] ¡Don Luis María Pastor en los Bufos!

Azorín pregunta quién era don Luis María Pastor. Y Sarrió contesta:

—No lo sé yo a punto fijo, pero era un gran personaje de entonces. Lo que sí recuerdo es que iba todo afeitado.

Vuelven a callar. Y Azorín se acerca la copa a los labios y piensa que en la vida no hay nada grande ni pequeño, puesto que un grano de arena puede ser para un hombre sencillo una montaña.

V

Verdú está cada vez más débil y achacoso. Esta tarde, en el despacho, ante el huerto florido, Verdú iba y venía como siempre con un paso indeciso. En un rincón, inconmovible, eterno, don Víctor calla y se acaricia sus barbas blancas. Y Azorín contempla extático al maestro. Y el maestro dice:

—Azorín, todo es perecedero acá en la tierra, y la belleza es tan contingente y deleznable como todo... Cuando las generaciones nuevas tratan de destruir los nombres antiguos, "consagrados", se estremecen de horror los viejos. Y no hay nada definitivo: los viejos hicieron sus consagraciones: ¿qué razón hay para que las acepten, tanto como el de sus antecesores. Yo me siento viejo, enfermo y olvidado, pero mi espíritu ansía la juventud perenne.

No hay nadie "consagrado". La vida es movimiento, cambio, transformación. Y esa inmovilidad que los

[95] *Luis María Pastor (1810-1872):* eminente sociólogo y economista español. Como ministro de Hacienda, se distinguió por sus reformas económicas de índole librecambista. Fue autor de muchos libros científicos sobre la economía política.

viejos pretenden poner en sus consagraciones va contra todo el orden de las cosas. La sensibilidad del hombre se afina a través de los tiempos. El sentido estético no es el mismo. La belleza cambia. Tenemos otra sintaxis, otra analogía, otra dialéctica, hasta otra ortología, ¿cómo hemos de encontrar el mismo placer en las obras viejas que en las nuevas? [96]

Los jóvenes que admiten sin regateos las innovaciones de la estética son más humanos que los viejos. La innovación es al fin admitida por todos; pero los jóvenes la acogen desde el primer momento con entusiasmo, y los viejos cuando la fuerza del uso general les pone en el trance de admitirla, es decir, cuando ya está sancionada por dos o tres generaciones. De modo que los jóvenes tienen más espíritu de justicia que los viejos, y además se dan el placer —¡el más intenso de todos los placeres!— de gozar de una sensación estética todavía no desflorada por las muchedumbres.

He dicho que los viejos admiten, al fin y al cabo, las innovaciones del modernismo (o como se quieran llamar tales audacias), y es muy cierto. Vicente Espinel era un modernista, hizo lo que hoy están haciendo los poetas jóvenes: innovó en la métrica. Y hoy los mismos viejos que denigran a los poetas innovadores encuentran muy lógico y natural componer una décima. El arcipreste de Hita se complace en haber *mostrado á los simples fablas et versos extrannos.* Fue un innovador estupendo, y esos *versos extrannos* causarían de seguro el horror de los viejos de su tiempo. De Boscán y Garcilaso no hablemos; hoy se reprocha a los jóvenes poetas americanos de lengua castellana que vayan a buscar a Francia su inspiración. ¿Dónde fue a buscarla Boscán, que nos trajo aquí todo el modernismo italiano? Lope de Vega, el más furibundo, el más brutal, el más enorme de todos los modernistas, puesto que rompe con una abrumadora

---

[96] Las ideas que expresa aquí Verdú sobre la evolución del lenguaje y el cambio de la sensibilidad son muy parecidas a las de Yuste en *La voluntad* (I, cap. IX).

tradición clásica, será, sin duda, aplaudido por los viejos cuando se representa una obra suya, ¡una obra que es un insulto a Aristóteles, a Vida, [97] a López Pinciano y a la multitud de gentes que creían en ellos, es decir, a los viejos de aquel entonces!

"Imitad a los clásicos —se dice a los jóvenes— no intentéis innovar." ¡Y esto es contradictorio! La buena imitación de los clásicos consiste en apartar los ojos de sus obras y ponerlos en lo porvenir; ellos lo hicieron así. No imitaban a sus antecesores: innovaban. De los que fueron fieles a la tradición, ¿quién se acuerda? Su obra es vulgar y anodina; es una repetición del arquetipo ya creado...

Verdú ha callado un momento y Azorín ha dicho:

—Lo que los viejos reprochan, sobre todo, a los jóvenes, maestro, son los medios violentos que emplean para echar abajo sus consagraciones, esas palabras gruesas, esos ataques furibundos...

Y Verdú ha contestado:

—Eso vale tanto como reprocharles su juventud. ¿Qué hicieron ellos en su tiempo? La vida es acción y reacción. Todo no puede ser uniforme, igual, gris. Los ataques de los jóvenes de ahora son la reacción natural de los elogios excesivos que los viejos se han fabricado durante veinte años. Luego, dentro de otros veinte años, los críticos y los historiadores pondrán en su punto las cosas; es decir, en un nivel que ni sea los ditirambos de los viejos ni las diatribas de los jóvenes... Pero ese trabajo podrán hacerlo porque ya recibirán, hecha por los jóvenes, la mitad de la labor; es decir, que ya se encontrará destruida esa obra de frívolas consagraciones que los viejos han construido.

—Otro de los cargos, querido maestro, que los viejos hacen a las nuevas generaciones es su volubilidad, su mariposeo a través de todas las ideas.

---

[97] *Marcos Jerónimo Vida (1480-1566):* obispo y poeta neolatino. En su *De arte poética* (1527) propone la imitación del estilo y locución de los clásicos latinos.

—Cabalmente en el fondo de esa volubilidad veo yo un instintivo espíritu de justicia. Los viejos, hombres de una sola idea, no pueden comprender que se vivan todas las ideas. ¿Que los jóvenes no tienen ideas fijas? ¡Si precisamente no tener una idea fija es tenerlas todas, es gustarlas todas, amarlas todas! Y como la vida no es una sola cosa, sino que son varias, y, a veces muy contradictorias, sólo éste es el eficaz medio de percibirla en todos sus matices y cambiantes, y sólo ésta es la regla crítica infalible para juzgar y estimar a los hombres... Pero los viejos no pueden comprender este mariposeo, y se aferran a una sola idea que representa su vida, su espíritu, su pasado. Y esto es fatal; es el mismo instinto que nos hace cobrar amor a un objeto que hemos usado durante años, un reloj, una petaca, una cartera, un bastón...

El maestro calla. Y de pronto don Víctor —¡oh pasmo!— cesa de acariciarse sus patillas, abre la boca y exclama:

—¡Yo tenía un bastón!

Azorín y el maestro se quedan asombrados. ¿Don Víctor habla? ¿Don Víctor tenía un bastón? ¡Esto es insólito! ¡Esto es estupendo!

Y don Víctor prosigue:

—Yo tenía un bastón, ¿eh?... un bastón con el puño de vuelta, con una chapa de plata, ¿eh?... con una chapa que hacía un ruido sordo al caminar...

Don Víctor se detiene en una breve pausa; se siente fatigado de su enorme esfuerzo. Después añade:

—Una vez tuve yo que hacer un viaje... un viaje largo, ¿eh?... era el día 20 y tenía que embarcarme en Barcelona el 21... el 21, ¿eh? y yo estaba en Madrid.

Don Víctor hace otra pausa. Indudablemente, su relato va adquiriendo aspecto trágico; don Víctor continúa:

—Llego a la estación y tomo el billete... luego entro en el andén y cojo el coche, ¿eh?... cojo el coche y voy colocando la sombrerera... Después la maleta... después el portamantas... el portamantas, ¿eh?... el portamantas

que no tenía el bastón... ¡que no tenía el bastón!...
Entonces yo cojo mi equipaje, salgo de la estación y me
voy a casa, ¿eh?... me voy a casa, porque yo no podía
acostumbrarme a la idea de estar sin mi bastón, ¿eh?...
de estar sin mi bastón y de no oír el ruido de la chapa de
plata.

Don Víctor calla anonadado por la emoción; luego,
haciendo un último esfuerzo, añade:

—Después me lo quitaron... me quitaron mi bastón,
¿eh?... mi bastón con el puño de vuelta... Y desde
entonces... desde entonces...

Su voz tiembla y se apaga en un silencio de tristeza
infinita. Y Verdú y Azorín permanecen silenciosos
también, conmovidos, ante esta fruslería que es una
tragedia para este pobre viejo.

VI

Esta noche el pobre Sarrió está muy ocupado; se
encuentra metido en su despacho, bajo la lámpara que
pone en su cabeza vivos reflejos, ante un libro que lee y
relee con visibles muestras de un interés profundo.

Este libro que lee Sarrió es un libro trascendental y.
filosófico; se titula *Diccionario general de cocina*. Sarrió
tiene fija la vista en una de sus páginas; su cuerpo se
remueve en la silla; diríase que le desasosiega alguno de
los pasajes del libro. Sí, sí, le inquieta a Sarrió uno de los
pasajes de este libro. Y he aquí lo que dice este pasaje:

*"Tiempo que un conejo debe estar al fuego, suponiendo
que esté recién muerto."*

Esto es admirable; esto es como el anuncio de que un
sabio va a pronunciar su mágica sentencia.

Luego el pasaje continúa:

"Un conejo grande, casero, hora y media. — Uno de
monte, una hora."

¡Y esto es lo que le inquieta a Sarrió! ¿Un conejo casero hora y media? ¿Uno de monte una hora? Pero ¡esto es absurdo! ¡Esto es desconocer la realidad! Y Sarrió se remueve en su asiento, torna a leer el pasaje, lo lee de nuevo. Sí, esto es negar la evidencia; esto es trastocar el orden natural de los fenómenos. Porque un conejo de monte, siempre, desde el origen de las cosas, ha tardado en cocerse más que un casero.

Y Sarrió siente que su fe en este libro, único para él, vacila. Y por primera vez en su vida experimenta una tenue y vaga tristeza. Decididamente, la sabiduría humana es cosa deleznable. ¿Para qué sirven los sabios? ¿Para qué sirven estos libros que leemos creyendo encontrar en ellos la verdad infalible?

Y Sarrió ha confesado a Azorín su amargura. Y Azorín le ha dicho:

—Sí, querido Sarrió, los libros son falaces; los libros entristecen nuestra vida. Porque gastamos en leerlos y escribirlos aquellas fuerzas de la juventud que pudieran emplearse en la alegría y el amor. Pero nosotros ansiamos saber mucho. Y cuando llega la vejez y vemos que los libros no nos han enseñado nada, entonces clamamos por la alegría y el amor, ¡que ya no pueden venir a nuestros cuerpos, tristes y cansados![98]

VII

Esta tarde hemos cumplido un deber triste: hemos acompañado hasta la santa tierra al que en vida fue nuestro amigo don Víctor.

Una rambla abre su ancho cauce entre el camposanto y el pueblo. La verdura se extiende en lo hondo

[98] Constante preocupación de Martínez Ruiz. Véase *Diario de un enfermo* (*OC*, I, 695-696) y *La voluntad* (*OC*, I, 962-963).

bordeando el cauce, repta por el empinado tajo, se junta
a la otra verdura de los huertos que respaldan las casas
y aparecen colgados como pensiles.

Sarrió y Azorín, ya de regreso, han cruzado la
rambla. Y Sarrió ha dicho:

—¿A que no sabe usted, Azorín, en lo que pensaba
don Víctor cuando se estaba muriendo? Pensaba en un
bastón, en su bastón. Y decía: "Que me devuelvan mi
bastón... mi bastón de vuelta, ¿eh?... un bastón que tiene
una chapa de plata... una chapa que hace un ruido al
caminar, ¿eh?..." Y luego en la agonía ha gritado: "¡Mi
bastón, mi bastón!"; y ha muerto. ¿No le parece a usted
raro, Azorín?

Y Azorín ha contestado:

—No, querido Sarrió, no me parece raro. Unos piden
luz, más luz, cuando se mueren; otros piden *sus ideas;*
este pobre hombre pedía *su bastón.* ¡Qué importa bastón, ideas o luz! En el fondo, todo es un ideal. Y la vida,
que es triste, que es monótona, necesita, querido Sarrió,
un ideal que la haga llevadera: justicia, amor, belleza, o
sencillamente un bastón con una chapa de plata... [99]

Llegaba el crepúsculo. Y el cielo se encendía con
violentos resplandores de incendio.

VIII

Verdú reposa en la ancha cama. Sus brazos están
extendidos sobre la sábana. Y sus manos son transparentes. Y sus ojos están entornados. Y en su rostro se
muestra un sosiego dulce. Verdú respira penosamente.
De rato en rato un gemido se escapa de sus labios. Ya se
remueve un poco; una ancha inspiración hincha su

[99] ¿Nos sugerirá aquí Martínez Ruiz un esquema de la obra irónica *El
bastón de Manuel Kant,* que quiere escribir Antonio Azorín en *La
voluntad?* (cf. III, caps. II y V).

pecho; sus ojos se abren intranquilos. Y luego dice con
voz apagada y suave: ¡Ay, Antonio! ¡Ay, Antonio!

Ha llegado la unción hace un momento y han ido
poniendo sobre sus ojos, sobre sus oídos, sobre sus
labios, sobre sus manos, sobre sus pies los santos óleos.

Al lado de la cama un clérigo lee con voz queda en un
libro:

... "Commendo te omnipotenti Deo, charissime frater,
et ei cujus es creatura, conmitto"...

Lentamente se ha ido sosegando el maestro; sus
párpados descienden pesados y se cierran; su cuerpo
yace inmóvil... Todo está quieto; los rayos del sol se
filtran por la parra y caen en vivas manchas sobre los
ladrillos del patio; el jilguero desenvuelve sus trinos; una
mariposa blanca va, viene, torna, gira, repasa entre los
verdes pámpanos. Y de pronto el maestro se agita
nervioso, abre anchos ojos y grita con angustia: ¡Mi
espíritu!... ¡Mi espíritu!... Sus manos se contraen; su
mirada se pierde a lo lejos, extática, espantada. Y poco
a poco, sosegado de nuevo, su rostro se distiende como
en un sueño; la respiración se debilita; algo a modo de
una espiración sollozante flota en el ambiente silencioso.

Entonces Azorín, que sabe que los músculos son los
primeros en morir y que cuando ha muerto el corazón y
han muerto los pulmones todavía los sentidos perciben
en aterradora inmovilidad; entonces Azorín se ha inclinado sobre Verdú y ha pronunciado con voz lenta y
sonora:

—¡Maestro, maestro; si me oyes aún, yo te deseo la
paz!

Y el clérigo ha levantado los ojos al cielo y ha dicho:

—¡Dios lo habrá acogido en su santo seno! Suscipe
Dómine, servum tuum in locum sperandoe sibi salvationis
a misericordia tua.

Y Azorín añade:

—¡Ha vuelto al alma eterna de las cosas!

Todo ha tornado a quedar en silencio; el aire es
luminoso y ardiente; en el fondo del patio, allá en el
huerto, sobre el follaje verde, brillan las manzanas

rosadas, las ciruelas de oro, los encendidos albérchigos. La mariposa blanca ha desaparecido. Y suena una campanada larga, y después suena otra campanada breve, y después suena otra campanada larga...

IX

Sarrió y Azorín han ido a Villena.

Ésta es una ciudad vetusta, pero clara, limpia, riente. Tiene callejuelas tortuosas que reptan monte arriba; tiene vías anchas sombreadas por plátanos; tiene viejas casas de piedra con escudos y balcones voladizos; tiene una iglesia con filigranas del Renacimiento, con una soberbia reja dorada, con una torre puntiaguda; tiene una plaza donde hay un hondo estanque de aguas diáfanas que las mujeres bajan por una ancha gradería a coger en sus cántaros; tiene un castillo que aún conserva la torre del homenaje, y en cuyos salones don Diego Pacheco, [100] gran protector de los moriscos, vería ondular el cuerpo serpentino de las troteras.

Hay en la vida de estas ciudades viejas algo de plácido y arcaico. Lo hay en esas fondas silenciosas, con comedores que se abren de tarde en tarde, solemnemente, cuando por acaso llega un huésped; en esos cafés solitarios donde los mozos miran perplejos y espantados cuando se pide un pistaje exótico; en esos obradores de sastrería que al pasar se ven por los balcones bajos y en que un viejo maestro, con su calva, se inclina sobre la mesa, y cuatro o seis mozuelas canturrean; en esas

---

[100] *Diego López Pacheco:* último marqués de Villena, introdujo conversos en los cargos del gobierno e hizo campañas militares contra los reyes. En 1476 los vecinos se levantaron contra dichos conversos, matando a más de 4.000. Dueños del castillo, ofrecieron obediencia a los reyes, quienes, como privilegio, dicen que ya no podrían vivir en Villena ni cristianos nuevos ni ningún Pacheco.

herrerías que repiquetean sonoras; en esos conventos
con las celosías de madera ennegrecidas por los años; en
esas persianas que se mueven discretamente cuando se
oyen resonar pasos en la calleja desierta; en esas comadres que van a los hornos con sus mandiles rojos y
verdes, o en esos anacalos que van a recoger el pan a las
casas; en esas viejas que os detienen para quitaros un
hilo blanco que lleváis a la espalda; en esos pregones de
una enjalma que se ha perdido o de un vino que se
vende barato; en esos niños que se dirigen con sus
carteras a la escuela y se entretienen un momento
jugando en una esquina; en esas devotas con sus negras
mantillas que sacan una enorma llave y desaparecen por
los zaguanes oscuros...

Azorín y Sarrió han pasado unas horas en la ciudad
sosegada. Y a otro día han regresado a Petrel.

En la estación han visto cuatro monjas. Estas monjas
eran pobres y sencillas. Una era alta y morena; tenía los
ojos grandes y los dientes muy blancos; otra era jovenci-
ta, carnosa, vivaracha, rubia, menuda. Las otras dos
tocaban en la vejez: cenceña y rugosa la una; gorda y
rebajeta la otra. Esta última hablaba animadamente con
el encargado de los billetes; después, el encargado, que
leía un papel blanco, se lo ha devuelto a la monja y le ha
dado dos billetes azules. Entonces se han separado de la
taquilla y las cuatro, con las cabezas juntas, cuchichea-
ban. Azorín ha visto que la monja gruesa le enseñaba el
papel a la morena y que ésta sonreía con una sonrisa
suave, con una sonrisa divina, enseñando sus blancos
dientes, poniendo en éxtasis los ojos. ¿De qué sonreía
esta monja?

Han subido al tren las dos jóvenes y se han quedado
en tierra las dos viejas. La locomotora silba. Unas y
otras se han despedido y se hacían recomendaciones
mutuas. La morena ha dicho: "... y en particular a sor
Elisa, para que se le vayan ciertas ilusiones".

Esta sor Elisa que tiene *ciertas ilusiones* —piensa
Azorín—, ¿quién será? ¿Qué ilusiones serán las que tiene
esta pobre sor Elisa, a quien él ya se imagina blanca,

lenta, suave, un poco melancólica, a lo largo de los
claustros callados?

Han pasado dos o tres estaciones. Las monjas han
descendido del tren. Y se han perdido a lo lejos, con una
maleta raída, con dos saquitos de lienzo blanco, con un
paraguas viejo...

X

PETREL

Este viejo por la mañana había venido a traer un
sobre grande en que decía: *Señor don Lorenzo Sarrió.*
Sarrió, puesto que era para él, ha abierto el sobre,
después que se ha marchado el viejo, y ha visto que
dentro había una cartela con un escudo. Este escudo
resulta que es el de Sarrió, o por lo menos el de su
apellido. Pero mejor será que digamos que es el del
propio Sarrió, toda vez que la tarjeta pone en el centro,
con letras doradas, su nombre y apellidos. No cabe
duda; son las armas de él. A un lado se dice que estas
armas consisten —según van dibujadas— en un león y
un lobo que sostienen una filacteria en que se lee: *Nunc
et semper;* y al otro se explica que el apellido Sarrió lo
llevó por primera vez un guerrero que le prestó su
caballo a Fernando III en la toma de Baeza. Esto ha
conmovido a toda la familia; por eso, cuando el viejo ha
vuelto esta tarde, todos han salido a conocerle.

Este viejo tiene la cara pálida, sin afeitar desde hace
muchos días; su bigote cae lacio por las comisuras de la
boca, y cuando sonríe muestra por los lados, en sus
encías lisas, dos dientes puntiagudos que asoman por la
pelambre del mostacho. Lleva unas botas blancas de
verano, pero están muy estropeadas; el traje es de
verano también, y la chaqueta, abrochada y subida,

oculta el cuello juntamente con un pañuelo de seda. Estamos ya a principios de invierno, y este viejo debería llevar un traje de abrigo; pero no lo lleva. Y por eso, sin duda, tose pertinazmente, inclinado su cuerpo flaco, poniéndose la mano delante de la boca.

Pepita le ha dicho si estaba constipado y él ha contestado que sí, que había cogido un enfriamiento en el tren. Porque este viejo va de una parte a otra, por los pueblos, repartiendo sus cartelas con las armas de los apellidos. En algunas casas no le dan nada y se quedan con la tarjeta, que ya a él no le puede servir, puesto que ha estampado en ella el nombre del agraciado; pero en otras sí que le dan algo, en reconocimiento, sin duda, a su atención... Pasan por los pueblos o viven en ellos muchos personajes interesantes de los cuales los novelistas no se preocupan; hacen mal, evidentemente.

Este viejo es uno de esos personajes. Otros podrán no ser simpáticos, pero éste lo es. Ésta es la causa de que haya enternecido a todos contando sus andanzas. Y he aquí que Pepita le saca una taza de caldo, y Sarrió va a buscar una botella de buen vino, y Lola y Carmen aprestan otras cosas para que coma. Él está encantado.

—Yo tenía en Madrid un escritorio —dice él—; pero este escritorio era muy oscuro. Cuando venían a que yo escribiera una carta, yo tenía que encender una luz. Esto era un gasto terrible; además, en el escritorio había mucha humedad. Así es que resolví mudarme... Quince años había estado allí en aquel zaguán, y me entristecía el tener que marcharme a otro lado; pero era preciso, porque yo estaba ya un poco enfermo con la humedad... Sin embargo, estuve buscando unos días algún sitio a propósito y no lo encontré. Entonces decidí dar una vuelta por provincias haciendo tarjetas heráldicas... Y ahora, cuando vuelva a Madrid trataré de establecerme en otra parte.

El viejo tose y vuelve a toser, encorvándose, poniéndose la mano delante de la boca. Después, cuando ha acabado de comer lo que le han traído, saca una petaca y trata de hacer un cigarro. Pero Sarrió no le deja. No hubiera estado bien no proporcionarle tabaco después de haberle dado de comer. Le da, pues, un cigarro, que el viejo ha encendido, y fuma, mientras todos, con esta curiosidad tan provinciana, van mirando atentamente hasta sus menores gestos.

XI

ALICANTE

Azorín y Sarrió han ido a Alicante. Ésta es una capital de provincia alegre y sana. Hay cafés casi cómodos, periódicos casi legibles, tiendas casi buenas, restaurantes casi aceptables. Esto último le interesa a Sarrió vivamente. A Azorín debe también de interesarle.

Los dos recorren las calles llevados de una curiosidad natural. Azorín, alto, inquieto, nervioso, vestido de negro, con un bastón que lleva diagonal, cogido cerca del puño a modo de tizona; Sarrió, bajo, gordo, pacífico, calmoso, con su chaleco abierto y su gran hongo de copa puntiaguda. Yo no sé si en Alicante habrán reparado en estas dos figuras magnas; acaso no. Los grandes hombres suelen pasar inadvertidos. Y así, Azorín y Sarrió, sin admiradores molestos, dan unas vueltas por una plaza, husmean las tiendas, compran unos periódicos, y acaban por sentarse en la terraza de un restaurante, bajo el cielo azul, frente al mar ancho.

El mar se aleja en una inmensa mancha verde; se mueven, suavemente balanceados, los barcos; las grúas suenan con ruido de cadenas; chirrían las poleas; se desliza rápido, en la lejanía, un laúd con su vela latina y sus dos foques. Y rasga los aires una bocina ronca con tres silbidos largos y luego con tres silbidos breves. Sale un vapor. La chimenea, listada de rojo, despide un denso humacho negro; el chorro de desagüe surte espumeante y rumoroso; a proa se escapan ligeras nubecillas de la máquina de levar anclas. Lentamente va virando y enfila la boca del puerto; el[101] hélice deja una larga espuma blanca; en la popa resaltan grandes letras doradas: *C. H. R. Broberg-Cjobenhun;*[102] una bandera roja, partida por una cruz azul, flamea...

Ya ha salido del puerto. Poco a poco se aleja en la inmensidad; el humo difumina con un trazo fuliginoso el cielo diáfano; el barco es un puntito imperceptible. Y el mar, impasible, inquieto, eterno, va y viene en su oleaje, verde a ratos, a ratos azul, tal vez, cuando soplan vientos de Sur, rojo profundo.

El mar —decía Guyau,[103] que escribió sus más bellas páginas al borde de este mismo Mediterráneo—, el mar vive, se agita, se atormenta perdurablemente sin objeto. Nosotros también —piensa Azorín— vivimos, nos movemos, nos angustiamos, y tampoco tenemos finalidad alguna. Un poco de espuma deshecha por el viento es el resultado del batir y rebatir del oleaje —dice Guyau—. Y una idea, un gesto, un acto que se esfuman y pierden a través de las generaciones es el corolario de nuestros afanes y locuras...

Azorín ha sentido que una suave congoja llegaba de la inmensa mancha azul y envolvía su espíritu. Y Sarrió, que sudaba y trasudaba tratando de cortar inútilmente un enorme rosbif, ha levantado los ojos. Y en ellos también había un poco de tristeza.

---

[101] *el:* Martínez Ruiz se equivoca de géneros.
[102] *Cjobenhum:* por la bandera sería un barco danés, y el futuro *Azorín,* el detallista, se descuida. Con toda seguridad, hubiera querido escribir *Kjobenhavn,* el nombre danés de Copenhague.
[103] *Marie-Jean Guyau (1854-1888):* poeta y filósofo francés cuya obra fue muy comentada por los escritores de 1898. Martínez Ruiz cita del libro de Guyau *Esquisse d'une morale sans obligation ni sanction,* del ensayo "Hypothèse de l'indifférence de la Nature", ensayo caracterizado por pesimismo y escepticismo. Véase también la nota 85.

XII

ALICANTE

Hoy, en Alicante, cuando Azorín y Sarrió paseaban bajo las palmeras, frente al mar, se ha parado ante ellos un señor moreno y enjuto, de ancha perilla cana. Luego se ha dirigido a Azorín y le ha estrechado la mano con un apretón seco y nervioso.

—Yo sé quién es usted —le decía— y quiero tener el gusto de saludarle. Es usted uno de los hombres del porvenir...

Azorín ha querido saber su nombre. El desconocido ha dicho que se llamaba Bellver y que vivía en tal parte. Después, rápido, nervioso, ha levantado su sombrero y se ha ido.

Y Azorín se ha vuelto hacia Sarrió y le ha dicho:

—Paréceme, Sarrió amigo, que acabo de ganar una gran batalla. Este hombre que se ha acercado a mí es un admirador mío. Yo no le conozco, pero él ha querido expresarme sus simpatías. Estos sencillos homenajes son la recompensa de los que ejercemos la noble profesión de la pluma. Escribe uno un libro, publica uno treinta artículos, y la crítica habla, los compañeros hacen sus comentarios. Todo esto, ¿qué importa? Todo esto está previsto. Pero ese pedazo de conversación que oímos al paso y en que suena nuestro nombre, esa carta anónima que nos felicita, ese lector entusiasta —como este Bellver— que estrecha rápidamente nuestra mano con efusión, con sinceridad, y luego se marcha... todo esto, ¡qué grato es y cómo compensa el trabajo rudo y las tristezas!

Nosotros, como el Hidalgo Manchego, tenemos algo de soñadores; una ilusión nos vivifica. Vivimos pobres; gastamos año tras año nuestras fuerzas sobre los libros; la muerte sorprende nuestros cuerpos fatigados en plena vida; si trasponemos la juventud, nuestra vejez es mísera y achacosa; vemos aupados por las multitudes a hombres fatuos, mientras nosotros, que damos a la Humanidad lo más preciado, la belleza, permanecemos desamparados... Y un día, en nuestra soledad y en nuestra pobreza, un desconocido se acerca a nosostros y nos estrecha con entusiasmo la mano. Y entonces nos creemos felices y consideramos compensados con este minuto de satisfacción nuestros largos trabajos.

Esto me sucede a mí ahora, querido Sarrió; y por eso este apretón de manos ha puesto en mí tanta ufanía como en Alonso Quijano la liberación de los galeotes o la conquista del yelmo. [104]

XIII

ORIHUELA

Van y vienen por las calles clérigos con la sotana recogida en la espalda, frailes, monjas, mandaderos de conventos con pequeños cajones y cestas, mozos vestidos de negro y afeitados, niños con el traje galoneado de oro, niñas, de dos en dos, con uniformes vestidos azules. Hay una diminuta catedral, una microscópica obispalía, vetustos caserones con la portalada redonda y zaguanes sombríos, conventos de monjas, conventos de frailes. A la entrada de la ciudad, lindando con la huerta, los jesuitas anidan en un palacio plateresco; arriba, en lo

[104] Escribe Martínez Ruiz en *La voluntad:* "[...] y así veo que soy místico, anarquista, irónico, dogmático, admirador de Schopenhauer, partidario de Nietzsche. Y esto es tratándose de cosas literarias; en la vida de diarias relaciones un apretón de manos, un saludo afectuoso, un adjetivo afable, o, por el contrario, un ligero desdén, una preterición acaso inocente, tienen sobre mi emotividad una influencia extraordinaria. Así yo soy, sucesivamente, un hombre afable, un hombre huraño, un luchador enérgico, un desesperanzado, un creyente, un escéptico..., todo en cambios rápidos, en pocas horas, casi en el mismo día" (*OC.,* I, 966). Véase la Introducción a esta edición.

alto del monte, dominando el poblado, el Seminario muestra su inmensa mole. El río corre rumoroso, de escalón en escalón, entre dos ringlas de viejas casas; las calles son estrechas, sórdidas; un olor de humedad y cocina se exhala de los porches oscuros; tocan las campanas a las novenas; entran y salen en las iglesias mujeres con mantillas negras, hombres que remueven en el bolsillo los rosarios.

Azorín y Sarrió han recorrido la ciudad; luego, de pechos sobre el puente, han contemplado el río que se desliza turbio. A lo lejos, entre unos cañaverales, al pie del palacio episcopal, unos patos se zambullen y nadan.

Y Sarrió, viendo estos patos, ha dicho:

—Estos patos que nadan en el río, ¡qué gordos que están, querido Azorín!

Y Azorín ha contestado:

—Yo imagino, Sarrió, que usted ya se regodea con las pechugas de esos patos. Y esos patos son de un buen hombre que es obispo. Este hombre, además de ser obispo, es un poco sabio y un poco artista, [105] y en los ratos que le dejan libre sus cuidados se asoma al río y va echando migajas a los patos. San Bernardo era también amigo de los animalillos que Dios cría. Cuentan que cuando encontraba en su camino a algunos cazadores, él se afligía un poco y rogaba por las perdices y las liebres, y les decía a estos fieros hombres: *No os canséis en perseguir a esos seres inocentes, que yo he rogado al Señor por ellos y el Señor les conservará la vida.*

Y he aquí, querido Sarrió, que usted se regocija, allá en las intimidades de su espíritu, con una hecatombe de esos patos, que son la alegría de un hombre sencillo, que, como San Bernardo, ama todo lo que Dios ha creado.

---

[105] En este capítulo y el siguiente se referiría Martínez Ruiz a Juan Maura y Gelabert (1841-1910), mallorquín que fue obispo de Orihuela de 1886 a su muerte. Fue obispo estudioso, colaborador en varios periódicos y autor de muchos libros en que muestra interés en problemas ético-sociales. Es el mismo prelado que sirvió de modelo a Gabriel Miró para su novela *El obispo leproso.*

XIV

ORIHUELA

Este buen hombre que es obispo ha convidado a almorzar a Sarrió y Azorín. Los dos han encontrado natural el convite; pero yo no sé quién lo ha encontrado más natural, si Sarrió o Azorín.

El obispo es un señor simpático; es nervioso, impresionante, vivo; no sabe hablar; se azora cuando ha de decir en público cuatro palabras; pero tiene una excelente biblioteca de libros viejos y novísimos; lee mucho; entiende lo que lee, y escribe atinadamente y con cierta mesura de las cosas que opugna.

La mesa está lindamente aparejada; la cristalería es luciente y fina; el mantel es blanquísimo, y sobre su blancura resaltan los anchos ramos de flores bien olientes y la loba morada del obispo.

Todos se sientan. El obispo es uno de esos hombres espirituales que cuando comen lo hacen como a pesar de ellos, con discreción, dando a las elegantes razones que se cruzan entre los comensales más importancia que a las viandas.

Nietzsche, Schopenhauer, Stirner —dice el obispo— son los bellos libros de caballerías de hogaño. Los caballeros andantes no se han acabado; los hay aún en esta tierra clásica de las andanzas. Y yo veo a muchos jóvenes, señor Azorín, echar por las veredas de sus pensamientos descarriados. ¿Tienen talento? Sí, sí, talento tienen, indudablemente; pero les falta esa simplicidad, esa visión humilde de las cosas, esa compenetración con la realidad que Alonso Quijano encontró sólo en su lecho de muerte, ya curado de sus fantasías.

El obispo come un poco separado de la mesa, con ademanes distraídos, como olvidándose a veces de que ha de continuar en la tarea de engullir las viandas.

—Yo creo —continúa diciendo— que debemos mirar

la realidad. Luis Vives, que era un buen sujeto, que, como él mismo dice, se paseaba canturreando por los paseos de Brujas, aunque tenía una voz detestable, como él también añade; Luis Vives escribe que los jóvenes deben, ante todo, procurar cautela y recelo en resolver y juzgar las cosas, por pequeñas que sean. Todo tiene su razón de ser en la vida. No podemos hacer tabla rasa del pasado. Lo que a veces creemos absurdo, señor Azorín, ¡qué natural es en el hondo proceso de las cosas!

—Sí —piensa Azorín—. en el mundo todo es digno de estudio y de respeto; porque no hay nada, ni aun lo más pequeño, ni aun lo que juzgamos más inútil, que no encarne una misteriosa floración de vida y tenga sus causas y concausas. Todo es repetable; pero si lo respetásemos todo, nuestra vida quedaría petrificada, mejor dicho, desaparecería la vida. La vida nace de la muerte; no hay nada estable en el universo; las formas se engendran de las formas anteriores. La destrucción es necesaria. ¿Cómo evitarla, y cómo evitar el dolor que lleva aparejado en esta inexorable sucesión de cosas? Habría que hacer de nuevo el universo...

Azorín piensa en cómo sería ese otro universo; naturalmente, no da con ello. Y para ver si se le ocurre algo se come una aceituna; el obispo también se come otra y luego dice:

—Estas aceitunas son de Mallorca. Vives, a quien he citado antes y por quien tengo especial predilección, habla de las aceitunas de Andalucía y de las de Mallorca; pero dice textualmente que las de Mallorca "saben mejor": *magis sunt saporis sciti Balearice*... [106] Éste es uno de los motivos —añade sonriendo— por lo que yo, que soy tan amante de mi patria, estimo al gran filósofo.

Han llegado a los postres. Sarrió prefiere los dulces; entre ellos hay unos riquísimos limoncillos en almíbar.

---

[106] Las citas de Vives vienen de los *Diálogos (Exercitatio linguae latinae)*, lectura predilecta de Azorín y base de casi todos sus comentarios sobre el humanista del siglo XVI. La cita anterior se encuentra en el diálogo "Los preceptos de la educación"; y ésta, sobre las aceitunas, es de "El convite".

Sarrió se sirve de este dulce; luego se cree en el deber de elogiarlo; luego juzga preciso comprobar si su elogio se ajusta en todas sus partes a la realidad, y torna a servirse.

El obispo le dice:

—Estos limoncillos son exquisitos; me los mandan de Segorbe unas buenas religiosas que son peritísimas en confitarlos. Y yo siempre que los como veo en ellos algo así como un símbolo. Esto quiere decir, señor Sarrió, que debemos esforzarnos para que nuestras palabras acedas, nuestras intenciones aviesas se tornen propósitos de concordia y de paz que unan a todos los hombres en cánticos de alabanza al Señor, que los ha creado; del mismo modo que estos limoncillos que eran antes agrios son ahora dulces y nos mueven en elogios hacia esas monjas que los han adobado con sus manos piadosas.

Sarrió calla y come. Yo barrunto que a Sarrió no le interesa mucho el símbolo de las cosas. Él, al menos, puedo afirmar que no piensa en nada cuando saborea estos limoncillos.

XV

PETREL

Hoy se han celebrado las elecciones. Han andado por el pueblo excitados unos y otros hombres. Azorín no comprende estas ansias; Sarrió permanece inerte. Los dos son algo sabios: uno por indiferencia reflexiva; otro por impasibilidad congénita. "Los hombres, querido Sarrió —ha dicho Azorín—, se afanan vanamente en sus pensamientos y en sus luchas. Yo creo que lo más cuerdo es remontarse sobre todas estas miserables cosas que exasperan a la Humanidad. Sonriamos a todo; el error y la verdad son indiferentes. ¿Qué importa el

error? ¿Qué importa la verdad? Lo que importa es la
vida. El bien y el mal son creaciones nuestras; no existen
en sí mismos. El pesimismo y el optimismo son igualmente verdaderos o igualmente falsos. En el fondo, lo
innegable es que la Naturaleza es ciega e indiferente al
dolor y al placer..." [107]

Azorín calla; todo reposa en el limpio zaguán. El sol
entra por uno de los cuarterones de la puerta en ancha
cinta refulgente. Pepita mira a Azorín con sus bellos
ojos azules.

Y Azorín prosigue:

—Hace un momento, yo hojeaba este libro que Pepita
tiene aquí sobre una silla. Es un libro de urbanidad para
uso de las jóvenes. Y bien, yo he encontrado en la
primera página precisamente una profunda lección de
vida.

Dice así el pasaje a que aludo:

"Todo cambia, todo se renueva, y hay mil pequeñeces, una expresión, una prenda de vestir, una moda de
tocado que denotan al punto la edad de la persona que
las usa; y por más que el abate Delille la recomiende, me
parece, por ejemplo, de mal gusto la costumbre de
aplastar en el plato la cáscara de un huevo pasado por
agua, costumbre calificada ya por el vizconde de Marenne, en su libro sobre la *Elegancia,* publicado hace años,
de *absurda y ridícula.*"

He aquí los hombres divididos sobre una cuestión tan
nimia como ésta de aplastar una cáscara de huevo.
Unos la recomiendan; otros la creen absurda. Hagamos
un esfuerzo, querido Sarrió, y sobrepongámonos a estas
luchas; no tomemos partido ni por el abate Delille, ni
por el vizconde de Marenne. Y pensemos que cuando a

[107] En *La voluntad* (I, cap. X), el autor también emplea unas elecciones como motivo para comentar la vida española. Si en *La voluntad* su
propósito es criticar la frivolidad de España, aquí Martínez Ruiz es más
pasivo, más indiferente. Las palabras de Antonio Azorín podrían representar un resumen de las ideas de Guyau en el ensayo citado en la nota
103.

estas cosas llega la pasión de los hombres, ¿qué no será en aquellas otras que atañen muy de cerca a los grandes intereses y a los ideales perdurables?

XVI

Azorín está sentado junto al balcón abierto de par en par. El aire es tibio; viene la primavera. El sol baña la plaza y pone gratos resplandores en las torres chatas de la iglesia. Todo calla. A las diez, Pepita toca el piano, cuyas notas resuenan sonoras en la plaza. Primero se oyen unas lecciones lentas, monótonas, con una monotonía sedante, melancólica; luego parte una sinfonía de alguna vieja ópera, y por fin, todos los días, la *Prière des bardes,* de Godefroid. Azorín se sabe ya de memoria esta melodía pausada y triste, y conforme va oyéndolas va recordando cosas pasadas, esfumadas, perdidas en los rincones de la memoria.

Vuelve luego otra vez el silencio, y a las doce, allá enfrente se abre una ventana y un instante después comienzan a sonar las notas sonoras y claras de un bombardino. Es un artesano que viene del trabajo y aprovecha unos momentos antes de comer para ensayar. Unas veces las notas discurren seguras y llenas; de pronto flaquean y se apagan... y la tonada recomienza con el mismo brío, para volver a apagarse y comenzar de nuevo.

El sol es templado y entra en una confortante oleada hasta la mesa en que Azorín lee y escribe. De cuando en cuando cruza la plaza una mujer con un tablero en la cabeza, cubierto con un mandil a rayas rojas y azules; otras veces se llega a la fuente una moza, una de estas mozas blancas, con grandes ojeras, y llena un cántaro de agua. Y el viejo reloj da sus lentas campanadas. Y un vendedor lanza a intervalos un grito agudo.

Éste es un vendedor de almanaques. Cuando aparece, ya la primavera y el verano son pasados. Entonces una dulce tristeza entra en el espíritu, porque un año de nuestra vida se ha disuelto... Los racimos han desaparecido de las vides; los pámpanos, secos, rojos, corren en remolinos por los bancales; el cielo está de color de plomo; llueve, llueve con un agua menudita durante días enteros. Y Azorín, ya recogido, tras los cristales, oye a lo lejos la melodía lenta y triste del piano.

XVII

Hace dos días ha llegado a Petrel un señor que representa a unos miles de hombres, que viven aquí, ante otros pocos hombres que se reúnen en Madrid. Estos hombres se juntan en un ameno sitio llamado Congreso. En este sitio hablan, pero de pie, inmóviles. No son peripatéticos. A pesar de esto, a Azorín le son simpáticos todos los hombres que hablan siempre.

—Sarrió —ha dicho Azorín—, este hombre a quien llamamos *diputado* es un excelente señor. Él estrecha todas las manos, acoge todas las demandas, contesta con una sonrisa todos los enfados. Es un hombre simple y bueno. Y como a mí me encanta la simpleza, anoche, en un rato de ocio, compuse en su honor una liviana fabulilla. Hela aquí:

EL ORIGEN DE LOS POLÍTICOS

Cuando la especie humana hubo acabado de salir de las manos de Dios, vivió durante unos cuantos años contenta y satisfecha. Dios también estaba contento. Decididamente —pensaba—, he hecho una gran obra. Mis criaturas son felices; les he dado la belleza, el amor y la audacia, y por encima de todo, como don supremo, he puesto en sus cerebros la inteligencia.

Estas criaturas, sin embargo, gozaron breve tiempo de la dicha. Poco a poco se fueron tornando tristes. La tierra se convirtió en un lugar de amargura. Unos se desesperaban, otros se volvían locos, otros llegaban hasta quitarse la vida. Y todos convenían en que el origen de sus males era la inteligencia, que por medio de la observación y el autoanálisis les mostraba su insignificancia en el universo y les hacía sentir la inutilidad de la existencia en esta ciega y perdurable corriente de las cosas.

Entonces estas desdichadas criaturas se presentaron a Dios para pedirle que les quitase la inteligencia.

Dios, como es natural, se quedó estupefacto ante tal embajada, y estuvo a punto de hacer un escarmiento severísimo; pero como es tan misericordioso, acabó por rendirse a las súplicas de los hombres.

—Yo, hijos míos —les dijo—, no quiero que padezcáis sinsabores por mi causa; pero, por otra parte, no quiero quitaros tampoco la inteligencia, porque sé que no tardaríais en pedírmela otra vez. Además, entre vosotros no todos opinan de la misma manera; hay algunos a quienes les parece bien la inteligencia; hay otros a quienes no les ha alcanzado ni una chispita en el reparto y quisieran tenerla. En fin, es tal la confusión, que para evitar injusticias, vamos a hacer las cosas de modo que todos quedéis contentos. Hasta ahora la inteligencia la llevabais forzosamente en la cabeza, sin poder separaros de ella. Pues bien, de aquí en adelante, el que quiera podrá dejarla guardada en casa para volverla a sacar cuando le plazca.

Dicho esto, el buen Dios sonrió en su bella barba blanca y despidió a sus hijos, que partieron contentos.

Cuando volvieron a sus casas se apresuraron a guardar cuidadosamente la inteligencia en los armarios y en los cajones. Sin embargo, había algunos hombres que la llevaban siempre en la cabeza; éstos eran unos hombres soberbios y ridículos que querían saberlo todo.

Había otros que la sacaban de cuando en cuando, por capricho o para que no se enmoheciese.

Y había, finalmente, otros que no la sacaban nunca. Estos pobres hombres no la sacaban porque jamás la tuvieron; pero ellos se aprovecharon de la ordenanza divina para fingir que la tenían. Así, cuando les preguntaban en la calle por ella, respondían ingenuos y sonrientes: "¡Ah! La tengo muy bien guardada en casa."

Esta sencillez y esta modestia encantaron a las gentes. Y las gentes llamaron a estos hombres los *políticos,* que es lo mismo que hombres urbanos y corteses. Y poco a poco estos hombres fueron ganando la simpatía y la confianza de todos, y en sus manos se confiaron los más arduos negocios humanos, es decir, la dirección y gobierno de las naciones.

Así transcurrieron muchos siglos. Y como al fin todo se descubre, las gentes cayeron en la cuenta de que estos buenos hombres no llevaban la inteligencia en la cabeza ni la tenían guardada en casa.

Y entonces pidieron que se restableciese el uso antiguo.

Pero ya era tarde; la tradición estaba creada; el perjuicio se había consolidado.

Y los políticos llenaban los parlamentos y los ministerios. [108]

XVIII

Esta Pepita, cuando mira, tiene en sus ojos algo así como unos vislumbres que fascinan. Yo no sé —piensa Azorín— lo que es esto; pero yo puedo asegurar que es algo extraordinario.

[108] Esta fábula apareció en *El Globo,* el 27 de mayo de 1903, como muestra de *Antonio Azorín,* libro que había salido ya a los escaparates. Si nos fijamos en el colofón con la fecha del 2 de mayo de 1903, tenemos una idea de la rapidez con que imprimieron estas primeras novelas de Martínez Ruiz.

—Pepita —le pregunta Azorín—, ¿qué quisiera usted en el mundo?

Pepita levanta los ojos al cielo; después saca la lengua y se moja los labios; después dice:

—Yo quisiera... yo quisiera...

Y de pronto rompe en una larga risa cristalina; su cuerpo vibra; sus hombros suben y bajan nerviosamente.

—Yo no sé, Azorín; yo no sé lo que yo quisiera.

Pepita no desea nada. Tiene un bello pelo rubio abundante y sedoso; sus ojos son azules; su tez es blanca y fina; sus manos, estas bellas manos que urden los encajes, son blancas, carnosas, transparentes, suaves.

Pepita sabe que hay por esos mundos grandes modistos y grandes joyeros, pero ella no desea nada.

Y Azorín, mirándola un poco extático —¿por qué negarlo?—, le dice:

—La elegancia, Pepita, es la sencillez. Hay muy pocas mujeres elegantes, porque son muy pocas las que se resignan a ser sencillas. Pasa con esto lo que con nosotros, los que tenemos la manía de escribir: escribimos mejor cuanto más sencillamente escribimos; pero somos muy contados los que nos avenimos a ser naturales y claros. Y, sin embargo, esta naturalidad es lo más bello de todo. Las mujeres que han llegado a ser duchas en elegancias, acaban por ser sencillas; los escritores que han leído y escrito mucho, acaban también por ser naturales. Usted, Pepita, es sencilla y natural espontáneamente. No lo ha aprendido usted en ninguna parte: el pájaro tampoco ha aprendido a cantar. Y yo, que he escrito ya algo, quisiera tener esa simplicidad encantadora que usted tiene, esa fuerza, esa gracia, ese atractivo misterioso, que es el atractivo de la armonía eterna.

XIX

Pepita se halla en la entrada tramando sus encajes con sus dedos sutiles. Está sentada; tiene sobre la falda la almohadilla; a sus pies hay un periódico de modas.

Este periódico lo coge Azorín; luego lo ojea; Azorín lo lee todo. Y pasando y repasando las grandes páginas, sus ojos caen sobre algo interesante. Es una consulta que el periódico ha hecho a sus suscriptoras sobre ciertas cuestiones; una de las preguntas es la siguiente: *¿Qué cree usted preferible, ser amada sin amar o amar sin ser amada?* Las respuestas varían, pero todas son curiosas. He aquí lo que dice una de ellas, que Azorín ha leído en voz alta:

"Ninguna de las dos cosas. Para una mujer de corazón, tan malo es lo uno como lo otro. He amado sin ser amada, y ahora soy amada sin corresponder, bien a pesar mío. Cuando tenía quince años me enamoré de un hombre que pasaba de los treinta, y él, como es natural, me consideraba una chiquilla. Yo me desesperaba, pero él maldito el caso que hacía de mí. ¡Qué pena la mía cuando un día me preguntó con cara burlona si me gustaban las muñecas, porque pensaba comprarme una! Me puse roja de indignación y, a pesar del cariño que le profesaba, confieso que de buena gana le habría dado un cachete."

Azorín no ha leído más y ha dicho:

—Pepita, este hombre a quien esta muchacha quiso despreció frívolamente un gran tesoro. Era ya un poco viejo; acaso estaría ya también un poco cansado de la tristeza de la vida. Pudo ser feliz un momento y no quiso serlo.

Azorín ha añadido, tras breve pausa en que contemplaba los ojos de Pepita:

—Sí, éste era un hombre loco. Despreció un consuelo, una ilusión postrera que otros, ya también un poco viejos, ya también un poco tristes, van buscando afanosamente por el mundo y no los encuentran...

Y Pepita ha bajado sus hermosos ojos limpios y azules.

XX

Azorín se marcha. Azorín, decididamente, no puede estar sosegado en ninguna parte, ni tiene perseverancia para llevar nada a término. Yo he leído en los diccionarios que *autotelia* significa "cualidad de un ser que puede trazarse a sí mismo el fin de sus acciones". Pues bien, no es aventurado afirmar, aunque sea redondo, que Azorín no tiene *autotelia*. Por eso se marcha repentinamente de este pueblo, sin motivo alguno, como se marchará luego de otro cualquiera. Él aquí era casi feliz; vivía tranquilo; no se acordaba de periódicos ni de libros. Y lo que es el colmo de la tranquilidad, hasta no tenía nombre. Aquí nadie le conocía como borrajeador de papel, ni siquiera como un simple Antonio Azorín. Y ésta es una profunda lección de vida, porque esto significa que el pueblo, o sea el público grande, sano, bienintencionado, no estima el artificio y la melancolía torturada del artista, sino la jovialidad, la limpieza, la simplicidad de alma. De este modo aquí Sarrió lo era todo —y lo sigue siendo— mientras Azorín no era nada; o mejor dicho, si algo figuraba era como amigo de él, como acompañante del hombre bueno, como un sujeto cuyo único mérito consiste en ir constantemente con otro meritísimo. Por eso en este pueblo, para designar a Azorín, decían: *El que va con Sarrió*...

* * *

Azorín ha dicho:
—Pepita, me marcho.
Pepita se ha vuelto sobresaltada y ha exclamado:
—¡Ay, Azorín! ¿Usted se marcha?

Y le ha mirado fijamente con sus anchos ojos azules. Parecía que con su mirada le acariciaba y le decía mil cosas sutiles que Azorín no podría explicar aunque quisiera. Cuando oímos una música deliciosa, ¿podemos expresar lo que nos dice? No, pues del mismo modo Azorín no acertaría a explicar lo que dice Pepita con sus miradas suaves.

Pepita ha querido saber dónde se iba Azorín. Pero es el caso que Azorín no lo sabe tampoco. ¿Dónde se irá él? ¿Qué país elegirá para pasear sus inquietudes? Ha estado un momento pensándolo, y como Pepita continuaba mirándole ansiosa, ha dicho al fin:

—Yo creo... que me marcho... a París.

Pepita ha proferido una ligera exclamación de terror.

—¡Ay, Azorín, a París, y qué lejos que está eso!

Tiene razón Pepita en asustarse. París está muy lejos; además, allí no hablan como nosotros. ¿Qué va a hacer Azorín en París? París es una ciudad donde se vive febrilmente, donde las mujeres son pérfidas, donde las multitudes corren por las calles con formidable estruendo. Azorín querrá encontrar allí la paz, y no encontrará la paz que ha sentido en esta plaza solitaria y bajo estos árboles sombríos; y querrá encontrar allí hombres sabios y no los encontrará tan sabios como este que se llama Sarrió.

Y al despedirse, mientras Azorín estrechaba la mano de Pepita, esta mano tan blanca, tan carnosita, tan suave, con sus hoyuelos, con sus uñas combadas, Pepita ha dicho:

—¿Me escribirá usted, Azorín?

Y Azorín ha contestado que sí, que sí que le escribirá a Pepita una carta muy larga desde París, contándole las andanzas de su cuerpo y las terribles perplejidades de su espíritu.

XXI

Efectivamente, Azorín se va a París. ¿Por qué a París, y no a Brujas, a Florencia, a Constantinopla, a Praga, a Petersburgo? Él no lo sabe, ni tampoco lo quiere razonar. ¿Para qué razonar nada? Lo espontáneo es la más bella de las razones; la conciencia dicen los psicólogos que es un *epifenómeno,* es decir, una cosa que no es esencial para el proceso de la actividad psicológica, como no es esencial que un reloj se dé o no se dé cuenta de que anda...

Todo esto lo piensa Azorín mientras arregla la maleta; se pueden pulir vidrios o arreglar una maleta y estar filosofando. Sólo que Azorín no es Spinoza; aunque también es verdad —y ésta es la compensación— que tiene mejor ropa. Y aquí en la maleta va colocando unas camisas de finísimo hilo, unos calzoncillos, unos calcetines, unos pañuelos —cuatro tomitos impresos por Didot, limpiamente, en el año 1802. Azorín los pasa, los repasa, los acaricia, los abre al azar. Y en uno de ellos lee:

"Il y a plusiers années que ie n'ay que moi pour visée à mes pensées, que ie ne contreroolle et n'estudie que moi; et si i'estudie oultre chose, c'est pour soubdain le coucher sur moi, ou en moi, pour mieulx dire." [109]

A mí también —piensa Azorín— me sucede lo que a este hombre de Burdeos; pero esto es triste, monótono, y en la soledad de los pueblos esta tristeza y esta monotonía llegan a estado doloroso. No, yo no quiero sentirme vivir. Y voy a hacer un viaje largo: me marcho a una ciudad febril y turbulenta donde el ruido de las muchedumbres y el hervor de las ideas apaguen mi soliloquio interno. Y esta ciudad es París.

He aquí cómo este desdichado Azorín, que no quería razonar su viaje, ha acabado al fin por razonarlo. ¡Tan

---

[109] Montaigne, *Essais,* "De l'exercitation", libro II, cap. VI.

añejado está en él este moro feroz que llamamos inteligencia!

XXII

En el camino de Petrel a Elda, al comedio, entre la
verdura de nogueras y almendros, se alza un humilladero. Es una cupulilla sostenida por cuatro columnas
dóricas de piedra; en el centro, sobre una pequeña
gradería, se levanta otra columna que sostiene una cruz
de hierro forjado. Azorín y Sarrió se han sentado en este
humilladero. Van a Elda. Y van a Elda porque Azorín
ha de tomar el tren que por allí pasa.

Azorín está triste; Sarrió también lo está un poco. Y
los dos callan, sin saber lo que decirse en estos momentos supremos en que van a separarse acaso para siempre.

—Azorín —dice Sarrió—, ¿usted no vendrá más por
aquí?

—No sé, Sarrió —contesta Azorín—; es muy posible
que no vuelva.

—Entonces, ¿no nos veremos más?

—Sí, acaso no nos volvamos a ver más.

Han callado un instante. Y se ponen otra vez en
marcha. Delante de ellos va una tartana con el equipaje
de Azorín.

Cuando han arribado a la estación, Azorín, como es
natural, ha sacado el billete y ha facturado sus bártulos.
De allí a un rato ha aparecido el tren.

Sarrió le alarga a Azorín, subido al coche, la maleta;
luego, con tiento, una cesta. En esta cesta ha puesto él,
Sarrió, una suculenta merienda para que Azorín se la
coma en el camino. ¡Es la última muestra de simpatía!

—Azorín —le dice Sarrió—, tenga usted cuidado de
que no se estruje la uva que va en la cesta... Cuando se

coma usted esa uva que yo he cogido en el huerto, acuérdese, Azorín, de que aquí deja un amigo sincero.

—Sí, Sarrió —ha contestado Azorín—; yo me acordaré de usted cuando me coma estas uvas y siempre. Su recuerdo será en mi vida algo grato, algo imperecedero.

Se han abrazado estrechamente.

—Adiós, Sarrió.

Ha silbado la locomotora; el tren se ha puesto en marcha.

A lo lejos, Sarrió agitaba en alto su sombrero de copa puntiaguda.

Autógrafo de *Azorín*.

Vista panorámica de Petrel —actual Petrer— (Alicante). Foto
cedida por el Excmo. Ayuntamiento de Petrer.

TERCERA PARTE

I

A PEPITA SARRIÓ

En Petrel.

"Querida Pepita: Quedé en escribirte desde París, pero no puede ser, porque no he ido aún a París. Te escribo desde Madrid. Y quiero contarte muchas cosas. Aquí yo hago una vida terrible. Sabrás que emborrono todos los días un fajo de cuartillas. No me levanto muy temprano; me acuesto tarde. Y cuando me despierto, mientras me desperezo un poco y recapitulo sobre lo que he de hacer durante el día, oigo un reloj que suena las diez en el piso de al lado, y después otro en el piso de abajo, y luego otro en el piso de arriba. Y mi reloj, este reloj pequeñito que tú conoces, va marchando sobre la mesilla en un tic-tac suave. Como es ya tarde —¡las diez!—, me echo de la cama y abro el balcón. La calle está mojada; el cielo está de color de plomo.

"Yo, cuando veo este cielo gris, oscuro, triste, me acuerdo de ese cielo tan limpio y tan azul. Y cuando me acuerdo de ese cielo azul, me acuerdo también de unos ojos anchos y azules...

"Pero es preciso estar aquí, Pepita; es preciso vivir en este Madrid terrible; en provincias no se puede conquistar la fama. La fama no estamos muy acordes los que

167

vamos tras ella en lo que consiste; pero yo puedo asegurar que el fajo de cuartillas que emborrono todos los días, lo emborrono por conquistarla.

"Cuando me siento ante la mesa, después de levantarme, me esperan sobre ella una porción de libros. Los que han escrito estos libros quieren que yo los lea. ¿Por qué quieren que yo los lea? Yo no puedo leerlos todos; esto es un compromiso tremendo. Y digo que sí que los he leído. Sin embargo, no es bastante decir que los he leído: he añadido lo que pienso de ellos. Yo, en realidad, Pepita, no pienso nada de la mayor parte de los libros que se publican. Pero a un hombre que escribe en los periódicos, ¿le es lícito no pensar nada de una cosa? ¡No, no! Un hombre que borrajea en los periódicos ha de tener siempre lista su opinión sobre todas las cosas. Y yo también doy mi opinión sobre estos libros: unas veces es benévola, y son las más, y otras, muy pocas, me pongo serio y escribo cosas atroces. Cuando ocurre esto, es que estoy de mal humor, Pepita. Entonces todo me parece malo, y un libro también ha de parecérmelo.

"Luego me arrepiento pensando que acaso el que escribió ese libro es un buen hombre que tiene seis hijos y que trabaja todo el día en una oficina. Y resulta que al mal humor que tenía antes se añade este otro. Y, por eso, yo rehúyo cuanto puedo el escribir acerca de los libros que tengo sobre la mesa y digo que todos son admirables, aunque no los haya leído.

"A las doce, después que he gastado una poca tinta, almuerzo. Creo que es malsano trabajar después de comer. Y ésta es la causa de que yo dé un pequeño paseo. Algunos días voy al Retiro, que es un gran jardín con muchos árboles; otros, si el tiempo es desapacible, me meto en el museo de Pinturas. A la hora en que yo voy al Retiro no hay nadie. Todo está silencioso; los troncos se yerguen desnudos, negruzcos, con manchas de líquenes verdosos; las violetas crecen, moradas y olorosas, entre el césped. No es mucho lo que ando yo por estos paseos: inmediatamente regreso y me cuelo en el Ateneo o en la Biblioteca. Y después que he leído un largo rato, cojo unos papeles blancos y voy escribiendo en ellos cosas verdaderamente tremendas. Esto que yo escribo se llama una crónica.

"Y al día siguiente, cuando al levantarme la veo en el periódico, aparto los ojos de ella avergonzado, y meto el periódico en el cajón de la cómoda.

"Y otra vez principia otro día igual al de ayer e idéntico al de mañana: leo, paseo un poco, vuelvo a leer, torno a escribir las cosas horribles sobre los pequeños papeles.

"Y por la noche, cuando me acuesto, pongo el relojito sobre la mesilla: su andar suave resuena en la alcoba. ¡Mar-cha! ¡Mar-cha!, parece que me dice. Y yo marcho, Pepita; yo leo una muchedumbre de libros, yo emborrono una atrocidad de cuartillas, pero esa gloria tan casquivana no llega, no llega...

"Adiós; escríbeme.

"ANTONIO."

II

"Pepita: Yo soy un periodista político terrible. Para ser periodista político no se necesita más que tener mala intención. «¡Pero tú, Antonio, —me dirás—, no tienes mala intención!» Es verdad: yo no la tengo, pero a veces hago un esfuerzo y consigo tenerla. Claro está que no tengo inquina hacia nadie ni hacia nada; no me interesa tampoco estas o las otras ideas; por eso, Pepita, mi tarea es más fácil, porque hago mis artículos con entera tranquilidad, sin apresurarme, sin aturdirme, poniendo esas pequeñas gotas de hiel donde quiero ponerlas. Ayer hice un artículo. Ha ocurrido aquí una cosa muy gorda que llaman crisis ministerial: consiste en que los que mandan se quitan para que manden otros. Pues bien, yo quise hacer la historia de esta cosa: he de confesar que yo no sabía nada de ella. Sin embargo, las historias de las cosas que no sabemos son las mejores historias. Hice la historia: revelé detalles atroces: todos los políticos y los periodistas se quedaron estupefactos. Estos políticos y estos periodistas he de advertirte que son una gente muy inocente: con un adarme de ingenio y otro de audacia se les nombra a todos. Por eso no es extraño que ante mi artículo abrieran espantados los ojos. Mira lo que decía el *Heraldo* (¿lees tú este periódico?).

"«Esa interpretación de lo sucedido en el regio alcázar no creemos que se haya insertado jamás en ningún periódico, y por añadidura ministerial, desde que la prensa existe. Para encontrar algo parecido, no igualado, sería preciso remontarse a la época en que González Bravo [110] ejercía de revolucionario en el famoso *Guirigay*.» Te confieso que yo me reí anoche un poco cuando leí el *Heraldo;* pero luego me puse serio. Indudablemente —dije—, yo soy un hombre terrible.

"¡Desde que la prensa existe, que no se había hecho cosa parecida!... ¿Comprendes la trascendencia de mi obra? ¿Podía yo dormir tranquilamente después de haberla realizado? No; de ninguna manera. Y cuando vine a casa me sentía desasosegado, nervioso, obsesionado por mi tremendo artículo. Y tuve que pensar en ti un poquito para sentirme tranquilo y poder dormir como un hombre vulgar.

"ANTONIO."

"P.S. Ahora acaban de echarme *El Imparcial* por debajo de la puerta, y veo que reproduce mi artículo, y añade que «no ha podido menos de motivar comentarios muy vivos».

"¡Qué terrible es esto, Pepita!"

---

[110] *Luis González Bravo (1811-1871):* el gran hombre de Estado, de tanta importancia durante el reinado de Isabel II, empezó como periodista en *El Guirigay* (1837-1838), donde atacó al partido moderado en artículos extremadamente violentos firmados con el seudónimo de *Ibrahim Clarete*.

III

"Pepita: Todas las noches le doy cuerda a mi relojito antes de acostarme. Cuando estaba ahí le daba cuerda a las diez; ahora se la doy a las dos de la madrugada. No te asustes. Yo procuraré que esto no dure mucho. Ahora vengo de la redacción. Quiero ponerte dos letras antes de acostarme para que no digas que no te escribo. Estoy cansado. Esta vida precipitada me fatiga. No estoy en mí mismo. He de escribir muchas cosas que no tengo ganas de escribir. He de hablar mucho con gentes a quienes apenas estimo. Tú ya sabes que yo hablo poco. Soy un hombre de recogimiento y de soledad; de meditación, no de parladurías y bullicios. Y cuando, después de haber estado todo el día hablando y escribiendo, me retiro a casa a estas horas, yo trato de buscarme a mí mismo, y no me encuentro. ¡Mi personalidad ha desaparecido, se ha disgregado en diálogos insustanciales y artículos ligeros!

"Y yo no creo, Pepita, que haya un tormento mayor que éste. Nos pueden robar nuestra hacienda, nos pueden robar la capa y el gabán, ¡pero robarnos nuestro espíritu! ¿Comprendes tú, Pepita, que haya una cosa más terrible que ésta?

"Ahora son las dos; todo está en silencio. De cuando en cuando oigo a lo lejos el sordo rumor de un coche; suenan las campanadas lentas del reloj de la Puerta del Sol; una voz turva de pronto el sosiego profundo.

"Y yo me siento ante la mesa y arreglo las cuartillas. Pero no se me ocurre nada. Aquella espontaneidad que yo sentía afluir en mí ya no la siento. Quiero reflexionar, me esfuerzo en hacer una cosa bien hecha, y me desespero y me aburro. Las cosas bien hechas salen ellas solas, sin que nosotros queramos; la ingenuidad, la sencillez no pueden ser queridas. Cuando queramos ser ingenuos, ya no lo somos.

"Tú eres ingenua, Pepita. Si yo me acuerdo mucho de ti, ¿por qué es sino por esto? Tu recuerdo es para mí

algo muy grato en medio de esta aridez de Madrid. Y
por eso, yo cada día te escribo más, aunque sea poquito,
y deseo que tú me escribas. Escríbeme: dime si paseáis
por la plaza al anochecer, mientras suena la fuente y el
cielo se va poniendo fosco; dime si salís a las huertas y
os sentáis bajo esas nogueras anchas, espesas, redondas,
y veis correr el agua limpia y mansa por los azarbes;
dime si las campanadas del Ángelus son las mismas
campanadas graves y dulces que yo he oído; dime si los
azahares de los naranjos se han abierto ya y perfuman el
aire; dime si las palmeras mueven mansamente sus
ramas péndulas en el azul intenso...

"Pepita, Pepita: yo me siento conmovido y estoy a
punto de sollozar cuando pienso en todas estas cosas...
Yo me veo solo, yo me veo triste; yo veo que mi
juventud va pasando estérilmente, sin una ternura, sin
una caricia, sin un consuelo...

"Adiós. No quiero que te pongas tú también triste.

"ANTONIO."

IV

Éste es un viejo que va todas las tardes al Congreso.
En el sombrero de copa, yo he visto escrito en el forro
blanco, con lápiz: *Redón*. Yo no sé quién es Redón.
Tiene una barba larga y blanca; lleva en el dedo índice
de la mano izquierda un anillo con un sello de oro; sus
ojos son pequeñuelos y azules; cuando sonríe se le
marcan sobre las sienes unos hacecillos de arrugas que le
dan un aire picaresco. Entra en la tribuna de la prensa y
se sienta con mucho cuidado, levantándose el gabán,
sosteniendo en alto el sombrero. Y luego se pone a
mirar hacia allá abajo y tose de rato en rato...

Yo creo que este viejo oye atentamente todo lo que
dicen; pero no lo oye. ¿Cómo lo ha de oír si es sordo?

Entonces, ¿para qué viene? Hace veinte años que viene todas las tardes, con el mismo sombrero en que pone: *Redón,* con el mismo gabán que se levanta escrupulosamente al sentarse. A veces sonríe y se pasa la mano por la barba.

—¡Aquellos oradores sí que hablaban bien! —exclama este viejo.

Yo quiero saber quiénes eran *aquellos oradores.* Y entonces él me dice:

—Yo he oído a Martínez de la Rosa; ¿usted ha oído hablar de Martínez de la Rosa?

¿Quién no ha oído hablar de Martínez de la Rosa?

—Sí, sí que le he oído nombrar mucho.

Y el viejo me mira satisfecho y prosigue:

—Era un orador...

Al llegar aquí tose pertinazmente y se aliña después la barba.

—Era un orador...

Otra vez vuelve a toser durante un breve rato, y otra vez vuelve a pasarse la mano por la blanca barba.

—Era un orador notable... Yo no he oído a nadie que tuviera la dulzura que tenía Martínez de la Rosa. Aquéllos eran otros hombres, ¿no le parece a usted?

Evidentemente, me parece que aquellos hombres eran distintos que éstos. Yo tengo la franqueza de decirlo, y mis declaraciones le producen una gran satisfacción a este viejo. Por eso sonríe con su aire bondadoso y clava su mirada en el fondo de su sombrero. Este sombrero él se lo ha puesto durante una porción de años para venir al Congreso. ¡No se comprará otro! Y como este sombrero, que tiene un forro blanco con un letrero que dice *Redón,* le recuerda tantas cosas, él le pasa la manga con amor por la copa. Y luego se lo pone con las dos manos y se aleja un poco inclinado, tosiendo, pasándose suavemente la mano por su barba blanca.

V

"Pepita: Yo tengo unas amigas. No te pongas pálida.
Yo tengo unas amigas que cantan en golpes graves y
metálicos por la mañana; que sollozan por la tarde en
un canto largo y plañidero de despedida. Vivo al lado de
una iglesia. [111] Y estas amigas son las campanas. La
iglesia es vieja, con las paredes amarillas y desconcha-
das, con una torre puntiaguda. Está cerca de la Puerta
del Sol; y en medio de este estrépito frívolo de Madrid,
mientras suenan los campanillazos de los tranvías, mientras pasan los coches, mientras tocan los organillos, esta
iglesia parece quejarse de muchas amarguras. Las cosas
son como los hombres. Sí, Pepita, ésta es una iglesia a
quien no dejan vivir en su soledad. Se parece a mí: yo
creo que por esto me he venido a morar junto a ella. Ya
te he dicho que es un estruendo grande de cosas
mundanas el que la rodea; ahora añadiré que bajo sus
portales, casi en su mismo recinto, hay unas tiendas de
máquinas de coser y de paraguas. Además, junto a ella
hay un gran salón donde gritan y corren jugando a la
pelota. Y por si esto no fuera bastante, un librero ha
puesto sus estantes de libros profanos a lo largo de una
de sus paredes, y unos hombres rápidos, que llevan una
escalera al hombro, vienen todos los días y pegan en sus
muros tristes grandes carteles blancos, azules, rojos. ¡No
la dejan tranquila! Y estos muros se hinchan en redondas tumefacciones, se desconchan en grandes claros,
dejan caer sobre los colgadizos de las puertas una costra
de tierra donde crece el musgo... Yo vivo muy alto;
aparto los visillos y veo abajo, sobre la piedra gris de la
portada, la mancha húmeda y verdosa. El cielo está gris;
poco a poco va apagándose la fosca claridad del día;

---

[111] Martínez Ruiz escribió parte de *Antonio Azorín* en Madrid, en un
cuarto espacioso que daba a una iglesia en la calle del Carmen, esquina a
la de la Salud (cf. *Madrid,* III). Véase la Introducción sobre la posible
importancia de este dato.

pasan en formidable estrépito carromatos, coches, tranvías; se oyen voces, golpes violentos, rechinar de ruedas; un organillo lanza sus notas cristalinas. Y de pronto suenan lentas las campanas, en unas vibraciones largas y pausadas...

"Es la voz de esta iglesia, que suplica a los hombres un poco de piedad.

"Yo creo que los hombres no la oyen, Pepita; pero las oigo yo. Y cada vez que por la mañana o por la noche ellas ríen o lloran, vienen a mi espíritu recuerdos de otros días, un poco más felices que estos en que me veo tan solo.

"Adiós. Esa sorpresa de que hablas, ¿qué es? Claro está que si me lo dijeras ya no sería sorpresa. No me lo digas. Y ya te contaré yo la impresión que me produzca.

"ANTONIO."

VI

"Pepita: Esta mañana estaba yo acostado cuando he oído llamar a mi puerta. Eran las ocho. A estas horas no podía ser ningún madrileño: un madrileño no puede ir a visitar a las ocho de la mañana a nadie. ¡Sería una aberración! Luego este hombre debía de ser un hombre de provincias. Pocos momentos antes oí yo entre sueños las campanas de enfrente. «Estas buenas amigas, las campanas —decía yo—, no me van a dejar dormir.» Pero quien no me ha dejado dormir era este hombre que llamaba a mi puerta dando grandes porrazos.

"Me he levantado y he abierto. ¿Y sabes a quién me he encontrado? ¡A nuestro excelente amigo don Juan Férriz! Tú te ríes, pero ya lo sabías... Don Juan traía una cesta enorme, que ha puesto encima de la mesa; luego me ha abrazado y me ha señalado en silencio la cesta. Yo la he mirado también en silencio. Esto era solemne; esto era trágico. ¿Qué contenía la cesta? ¿Para quién era esta cesta? Era para mí: ya veo que te vuelves a reír. Ríete: yo he pasado un susto tremendo. Pero ha sido sólo un momento, claro está; después don Juan me ha dicho:

"—Don Lorenzo Sarrió me ha encargado que le entregue a usted esta cesta, y Pepita, Lola y Carmen me han dado para usted muchos recuerdos.

"Estos recuerdos, Pepita, yo los he encontrado más dulces y más buenos que las tortadas que había dentro de la cesta. No eran sólo tortadas: había mantecadas, sequillos, almendrados; había también naranjas, naranjas de vuestro huerto, en el que yo tantos ratos he pasado. He descubierto entre ellas dos que estaban juntas en un mismo tallo. Y en el tallo tenían prendido con un alfiler un papelita con un letrero que decía: «Éstas las he cogido yo en el huerto para ti.»

"Yo, Pepita, no podía decirte lo que he sentido cuando he tocado estas naranjas: son cosas tan etéreas que no hay palabras humanas con que expresarlas; lo cierto es que la sorpresa ha sido buena. A todos os doy las gracias por vuestra atención. Don Juan me ha estado hablando de lo que por ahí ocurre, que es lo mismo de siempre; todo el día he estado con él. Hacía quince años que no había venido a Madrid; está aturdido. Dice que Petrel es mejor que esto. Creo que tiene mucha razón. Yo pienso continuamente en Petrel. Y de lo que más me acuerdo, ¿sabes de lo que es?

"No te lo digo. Adiós, hasta mañana.

"ANTONIO."

VII

EN EL TREN [112]

... En el balcón luce, imperceptible, opaca, tenue, una ancha faja de la claror del alba. Y en la puerta, de pronto, oigo un persistente tarantaneo. Me levanto: me he retirado de la redacción a las dos de la madrugada; es preciso salir... Las calles están desiertas; pasa de cuando en cuando un obrero, con blusa azul, cabizbajo, presuroso, las manos en los bolsillos, liada la cara en bufanda recia; pasa una moza con el mantón subido, pálida, ornados los ojos de anchas ojeras lívidas; pasa un muchacho con un enorme fajo de carteles bajo el brazo. Comienzan a chirriar las puertas metálicas de las tiendas; suenan lentas, graves, una a una, las campanadas de una iglesia. Y un coche se desliza ligero con alegre tintineo, sobre el asfalto.

Lo tomo. Descendemos por la carrera de San Jerónimo; luego avanzamos a lo largo del paseo de las Delicias, entre el ramaje seco del arbolado; cruzamos frente a la ronda de Valencia; bajamos por una vía ancha, solitaria, pendiente. A lo lejos, la enhiesta chimenea de una fábrica difumina, con denso humacho negro, el cielo radiante, de azul pálido; una tenue neblina cierra y engrasa el horizonte, y entre las ramas desnudas de los árboles, casi a flor de tierra, en la lejanía, asciende lento y solemne un enorme disco de oro encendido...

He tomado el billete, y paso al andén. En la puerta dos mujeres pleitean con el mozo. Son dos viejas cenceñas, enjutas, acartonadas; visten los oscuros trajes de la gente castellana —azul oscuro, pardo negruzco,

---

[112] En febrero de 1903, *El Globo* mandó a Martínez Ruiz a hacer reportajes sobre algunos pueblos castellanos. Este capítulo, como otros que siguen, se publicó primero en *El Globo* (7-II-1903), con el título "Notas sobre la España vieja. En el tren", y fue firmado "Un Redactor". Se agregó al libro *Antonio Azorín* sin cambios.

intenso flavo—. Una de ellas tiene la nariz remangada y la boca saliente; otra tiene la boca hundida y la nariz bajeta. Y las dos miran al mozo, mientras hablan, con sus ojuelos grises, diminutos, un poco ingenuos, un tilde picaresco. El mozo no las quiere dejar pasar; dice que sus billetes de ida y vuelta están caducos. Y ellas chillan, claman al Señor, se llevan las manos a la cabeza, y me miran a mí, como pidiendo mi intervención definitiva.

—¡El tío jefe —dice una de ellas— nos *vido* montar en el tren el lunes!

—Sí —corrobora la otra—, el tío jefe nos *vido*. Yo intervengo: indudablemente, el jefe de la estación de Bargas puso una fecha atrasada al troquelarles sus billetes. Porque estas dos viejas vienen de Bargas. Y luego, cuando al fin han pasado y hemos subido al coche, me han contado su historia.

Ellas vienen a Madrid todos los sábados por la tarde; regresan los lunes por la mañana. De Bargas a Madrid, ida y vuelta, les cuesta el billete 14 reales. Y en Madrid venden por las calles bollos de yema.

—Bargas —les pregunto yo—, ¿es mejor pueblo que Torrijos?...

Entonces una de ellas se me queda mirando y exclama:

—¡Sí, mucho mejor!

Y luego, pensando, sin duda, que ha ofendido mi patriotismo, si por acaso soy yo de Torrijos, agrega benévolamente:

—¡Pero Torrijos también es *fueno*!

Va a partir el tren. Ha tintineado un largo campanillazo; suenan los recios y secos golpes de las portezuelas. Las dos viejas han acomodado sus cuatro cestas y sus dos sacos sobre y bajo los bancos. Lo más delicado va encima; y son dos cestas llenas de jarrones y figurillas de escayola sobredorada. Se trata de encargos que ellas portean de retorno para los vecinos del pueblo.

—¿Has puesto *eso* con gobierno para que no se manchen los monos? —pregunta una.

Y la otra inspecciona las cestas, remueve los papeles

en que van liadas las hórridas figuras, torna a colocar
sobre los bancos los encargos... Y silba la locomotora
con un silbido largo y bronco; se remueve el tren con
chirridos de herrumbres y atalajes mohosos; una gran
claridad se hace en el coche...

Estamos en campo abierto. La llanura se extiende
inmensa en la lejanía, verde-oscura, verde-presada, gri-
sácea, roja, negra en las hazas labradas recientemente.
Las piezas del alcacel temprano ensamblan, en mosaico
infinito, con los cuadros de los barbechos hoscos. Ni
una casa, ni un árbol. Un camino, a intervalos, se pierde
sesgo en el llano uniforme. Junto a la caseta de un
guardabarrera, al socaire de las paredes, cuatro o seis
gallinas negras picotean y escarban nerviosamente. Y el
tren silba y corre, con formidable estrépito de trastos
viejos, por la campiña solitaria.

Las dos viejas permanecen silenciosas e inmóviles.
Las dos tienen los brazos cruzados so el delantal; una
cierra los ojos y echa la cabeza sobre el pecho; otra, las
puntas del pañuelo cogidas en la boca, echa hacia atrás
la testa y mira de cuando en cuando con los ojillos
entornados... Pasan dos, tres estaciones; cruza el convoy
sobre una redoblante plataforma giratoria. Las viejas se
remueven sobresaltadas. Y luego, ya despiertas, hablan
y sacan por la abertura del brial sendas faltriqueras de
pana. De estos bolsillos, una de las viejas extrae una
enorme y luciente llave, y la otra, otra llave disforme y
un peine amarillento. Luego, vueltos llave y peine a los
senos profundos de las bolsas, las dos viejas charlan de
sus tráfagos y negocios.

—En Bargas —les pregunto yo—, ¿no hay más que
ustedes que se dediquen a la venta en Madrid de las
rosquillas?

Y ellas contestan que hay más; están *la Daniela* y *la
Plantá;* pero estas dos negociantes no marchan a Madrid en ferrocarril: van por la carretera. Emplean en ir
dos días y otros dos en volver. Llevan un borriquillo. Y,
como es natural, han de hacer en Madrid gastos de
alojamiento y pienso.

—Entonces —observo yo filosóficamente—, ¿no les tendrá casi cuenta ir a Madrid?

—Claro —replica una de las viejas—, como que en la posada y el borrico se lo dejan todo.

Y la otra, bajando la voz e inclinándose hacia mí, añade confidencialmente:

—Pero hacen muy mal el género; ponen en los bollos poco aceite y mucha clara, y al respective del azúcar, lo merman todo lo que pueden...

Continúa la campiña paniega, verde a trechos, a trechos negruzca. La tierra se dilata en ondulaciones suaves de alcores y recuestos. En Villaluenga asalta el coche un tropel de fornidos mozos rasurados, mofletudos, en mangas de camisa.

—¡Una perrilla para los quintos de Villaluenga! —gritan, y alargan una gorra ante los viajeros. Les piden también a las viejas, pero éstas se niegan a dar nada.

—Yo también —dice una de ellas— tengo un hijo quinto.

—¡Pues que tenga buena mano! —exclama uno de los mozos.

Y cuando se ha puesto otra vez el tren en marcha, la vieja requerida ha añadido hoscamente, mientras se pasaba el reverso de la mano por las narices y se apretaba el pañuelo:

—Quintos más sinvergüenzas que los de este pueblo no los he visto. Yo no digo que no pidan los de Bargas; pero no van a otros pueblos a pedir.

Ha pasado otra estación y las viejas han descendido con sus cestas y sus sacos. Y yo me quedo solo en el coche. A lo lejos, sobre la línea del horizonte, destacando en el azul límpido, aparece el enorme castillo de Barciense, y al pie resaltan los puntitos blancos de las casas enjalbegadas.

Llego a Torrijos. El cielo está radiante, limpio, diáfano; brilla el sol en vívidas y confortadoras ondas; un gallo canta lejano con un cacareo fino y metálico; se desgranan en el silencio, una a una, las campanadas de una hora...

Son las once. Avanzo por una calle de terreras viviendas, rebozadas de cal; llego a una espaciosa plaza; me detengo ante una casuca inquietadora. Tiene dos pisos; en lo alto lucen dos balconcillos desfondados, con los vidrios de las maderas rotos y sucios; en el bajo se abre una ancha puerta achaparrada. En la fachada angosta, entre los dos huecos, leo en gruesas letras sanguinosas: *Posada del Norte*. Y un momento permanezco ante ese rótulo, en la plaza desierta, perplejo, mohíno, temeroso, con la maleta en vilo.

VIII

EN TORRIJOS [113]

...Entro resueltamente en la *Posada del Norte*. El zaguán es largo, estrecho y bajo; los carros, en su entrar y salir continuo, han abierto en el empedrado, de aguadas guijas, hondos relejes. Al fondo se abre una puertecilla diminuta; dos, tres, cuatro más a la derecha, cerradas por menguadas cortinas; y a la izquierda, una ancha franquea la entrada a un patio. Hay junto a la pared un grande y blanco arcaz con la cebada —igual que en las novelas picarescas—; penden de largas estacas, ringladas en los muros, enjalmas y ataharres.

Doy voces; en uno de los cuartos, tras la cortina, oigo un ronroneo tenue, y, a intervalos, un suspiro y el traqueteo de una silla. Avanzo; me cuelo por la puertecilla del fondo. Estoy en una cocina solitaria. Cuelga de las paredes la espetera, con sus sartenes y sus cazos; en la chimenea, de ancho humero, puestos en el hogar ante

[113] Este capítulo, como el anterior, es colaboración periodística, publicada con el título "Notas sobre la España vieja. En Torrijos", *El Globo* (8-II-1903). Lleva la firma de "Un Redactor".

el montón de brasas, cuatro o seis diminutos pucheros borbollean con imperceptible rezongueo y dejan escapar ligeras nubecillas blancas... Retrocedo al zaguán, vuelvo a gritar, espero un momento, y entro luego en el patio.

El piso se extiende en baches y altibajos; en el centro destaca el brocal desgastado de un pozo; un labriego, al sol, sobre un poyo de adobes rojos, duerme con la cabeza sobre el pecho y los brazos caídos; junto a él reposa un perro largo, enjuto, negro, luciente. Yo me siento un instante; este sosiego se me entra en el espíritu y aplaca mis ardores. Todo reposa; en la techumbre pían los pájaros; el sol vívido marca sobre una de las paredes blancas el dentelleo de un tejado; suena una campana lejana...

Es preciso comer. Retorno al zaguán. Y entonces grito más fuerte que antes, doy grandes golpazos, levanto la cortina de un cuarto. En la oscuridad, una mozuela duerme con un niño en los brazos; la luz la desendormisca, e instintivamente chasca la lengua y vuelve a balancear rítmicamente la silla, cunando al niño.

La llamo insistentemente. Despierta, y me dice que el ama ha salido a la plaza. No sabe cuándo volverá; acaso al mediodía. Yo encargo de comer y salgo. El sol baña de lleno la inmensa plaza; en el fondo, cogiendo un lado, se yergue un caserón disforme, a medias destruido, con saledizos balcones recios, firmes los anchos sillares de los muros, afiligranado el blasón que campea sobre la puerta. A los otros costados de la plaza se muestran los bajos porches, con columnas de piedra unas, de madera otras, gastadas, carcomidas, con capiteles dóricos, con capiteles jónicos, combadas las zapatas. Pasa un perro rojo con las gruesas orejas cercenadas, y luego otro perro blanco, y luego otro perro a planchas blancas y negras, y luego otro perro negro —el que he visto en el patio de la posada, esbelto y fino. Flamean las mantas rojas, amarillas, azules, colgadas al aire en una tienda; un mendigo, con redondo y ancho sombrero tieso, vestido de buriel pardo, discurre al sol, agachado sobre

su palo; atraviesan la plaza dos borricos cargados de
ramaje de olivo; pasa ligero, con menudo paso afirmado
de viejo hidalgo, la capa al aire, un señor de largos
bigotes grises y hongo apuntado.

Salgo de la plaza. Las calles son estrechas, empedra-
das, sin aceras, de casas bajas y blancas. Un arroyuelo
infecto corre por el centro, formado por las aguas sucias
que surten de los corrales. Al paso, tras las vidrieras, se
inclinan las manchas pálidas de los rostros curiosos; se
oyen los gritos lejanos de unos muchachos que juegan
en otra plaza. En esta plaza se levanta una iglesia gótica.
La fachada luce hojarascas y filigranas del Renacimiento; la torre, cuadrilátera, se perfila con su chapitel
puntiagudo y gris en la diafanidad del cielo azul...

La maraña de las callejuelas blancas continúa. Un
cerdo, de rato en rato, pasa gruñendo; calla, se detiene y
hociquea en las aguas sucias un momento; gruñe de
nuevo y avanza otra vez con un corto trotecillo nervioso... Desemboco en una anchurosa plaza formada por
viviendas terreras y tapias de corrales, cerrada por la
enorme masa rojiza de un convento. Me siento en una
piedra y contemplo un instante el vetusto monasterio.
Viven en él diecisiete monjas; pudieran vivir ciento. Es
de sólida e irregular mampostería, trepado por numerosos agujeros, con arcos y ventanas cegados, con altas
celosías de madera negruzca.

La plaza está desierta; picotean al sol unas gallinas;
triscan sobre el tejado del convento los pájaros; en la
lejanía, a la derecha, se pierde un camino ancho,
bordeado por largos liños de olmos desnudos. Suena
lenta una campanada larga, y después otra campanada
larga, y después tres campanadas finas y breves.

Es mediodía. Regreso a la posada. Recorro las mismas callejuelas de piso áspero; cruzo la misma plaza en
que la iglesia se alza. Y luego, por variar, tuerzo a la
derecha y entro en una calle silenciosa, de casas chatas a
una banda, de una larga pared ruinosa a la otra. Leo un
tejuelo azul: es la calle de Gerindote. Unas tablas viejas
cierran un portal ancho; por las rendijas se columbra un

patio lleno de escombros, y entre el cascote, ante paredes desmoronadas, se yergue una arquería de medio punto, sostenida por elegante columnata dórica.

Estoy a espaldas del palacio que muestra su fachada a la plaza principal. Resuenan los piquetazos de los albañiles; traquetea un carro... Camino dos pasos más y salgo al campo. La campiña se aleja con sus bancales de sembradura; una línea gris, de olivos cenicientos, cierra el horizonte...

* * *

La mesonera me ha llevado a un diminuto cuarto, cerrado por una cortina, sin ventanas, con la sola luz de la puerta. Me encuentro sentado ante una mesa cubierta con un mantel pequeño. ¡Voy a comer!

Espero un poco; un perro con un cascabel al cuello entra y retoza por la estancia. Espero otro poco; otro perro fino, negro, luciente —el de esta mañana y de todas las horas— asoma su agudo hocico por la puerta y luego se cuela con pasito mesurado. La mesonera trae un cuenco de recia porcelana con diminutos pedazos de carne frita; después pone sobre la mesa una botella llena de una misteriosa mixtura amarilla. Dice que es vino.

Yo como filosóficamente de la carne frita e intento sorber el acedo brebaje. El perro pequeño ladra y salta; el galgo negro se acerca mansamente y pone su hocico sobre mi muslo. ¿Me voy a comer toda la vianda? No, no; ya estoy harto de pedacitos de carne frita. Espero un poco; uno de los perros continúa ladrando; el otro restriega discretamente su trompa sobre mis pantalones. Espero otro poco. Y luego me levanto y examino en la pared una estampa piadosa. Entre tanto el galgo ha puesto los pies sobre la mesa y va devorando el resto de la carne... Me canso de esperar y llamo a la huéspeda.

—¿No me da usted nada más? —le pregunto.

Y ella se me queda mirando, extrañada, sonriendo por mi exigencia estupenda, y exclama:

—¿Qué más quiere usted?

Es verdad; me olvido de que estoy en la Meseta y soy un hombre del litoral; yo no debo, en Torrijos, querer comer más cosas.

La digestión no resultará pesada; pero hay que ir al casino a tomar un confortable digestivo. En la plaza hay una casa vieja sobre un alterón del piso; esta casa tiene un gran pasadizo; dentro de este pasadizo hay una diminuta puerta de cuarterones. Cuando yo llego ante esta puerta llega también un hombre vestido de pana gris y ceñido el cuerpo por ancha faja negra. Yo me detengo un momento ante la puerta cerrada, y él saca una llave de la faja y abre. Subimos un escalón; luego nos encontramos en un diminuto receptáculo; luego, a la derecha, reptamos por una escalera pendiente; ya en lo alto, llegamos a un angosto pasillo, torcemos luego a la izquierda, y nos hallamos en un cuarto reducido, con tres mesas de mármol y un ventanillo microscópico.

Los gallos cantan a lo lejos; una cinta de sol fulgente cruza el blanco mármol y marca sobre el piso un vivo cuadro. Los minutos transcurren lentos, interminables. Suena a lo lejos una tos seca y persistente; se oye el chisporroteo de un hornillo.

—¿No viene nadie? —pregunto al mozo.

—Le diré a usted —me contesta—; es que anoche hubo en el pueblo baile de máscaras...

Quedo profundamente convencido. Se hace un largo silencio. Llegan cacareos de gallos y ladridos de perro. Yo siento como si hubieran pasado tres o cuatro horas en este ambiente de soledad, de aburrimiento, de inercia, de ausencia total de vida y de alegría. Miro el reloj; son las dos; ha transcurrido media hora.

*   *   *

A lo lejos destaca el pueblo con sus techumbres negras y las manchas blancas de las fachadas. Resaltan en el cielo azul diáfano el caserón rojizo del convento y la aguda torre de la iglesia. Una larga pincelada azul de las montañas, sobre otra larga pincelada negra de los olivos, limita el horizonte. De pronto rasga los aires la nota sostenida y metálica de la corneta del pregonero; ladran los perros; cacarean los gallos; llega el silbido ondulante, apagado, de un tren que pasa...

En un habar, entre las matas, un labriego va entrecavando la tierra dura. Sobre una manta, echado en el lindero, cabe a un cantarillo de agua, un perro gruñe sordamente cuando me acerco.

—Buenas tardes —grito al labriego.

—Buenas tardes, señor —contesta.

Luego se allega, y hablamos sentados mientras él fuma.

—¿No tiene usted agua para regar sus tierras? —le pregunto.

—¡Agua! —contesta—. Si hiciera un pozo y pusiera *artes,* sí que la tendría.

Torrijos es el prototipo de los pueblos castellanos muertos. Entre estos hombres del centro, ininteligentes y tardos, y los del litoral, vivos y comprensores, hay una distancia enorme. Torrijos cuenta con 2.923 habitantes; tiene 494 casas de un piso, 152 de dos, 7 de tres. La agricultura se divide entre el cultivo de los cereales y el del olivo. No hay población rural; nadie vive en el campo. No existen manantiales ni arroyos.

Las escasas tierras de huerta son regadas con aguas sacadas de los pozos. Hay en todo el término 12 pozos. Los *artes* con que se extrae de ellos el agua son norias primitivas; algunas tienen arcaduces de barro; los arcaduces se rompen y no son repuestos, y las norias giran horas y horas en la llanura gris, ante el labriego extático, sin vaciar apenas agua en la alberca. "El agua —me dicen— se come mucho las tierras."

El riego pide abono; el abono cuesta dinero; cuanto menos se riegue, menos se gasta...

Jovellanos ya notó esta opinión de los labradores meseteños de que "el riego esteriliza las tierras". [114]

---

[114] Cf. *Informe sobre la Ley Agraria,* primera parte, capítulo IV. Esta

He visitado una pequeña huerta; el arrendatario de las tierras posee dos caballerías para mover la noria; pero ahora, en la época de la molienda de la aceituna, este labriego, al tener sus tierras limpias y sazonadas, prefiere alquilar sus bestias por *tres* reales diarios a las almazaras. El agricultor español es de una mentalidad arcaica; pierde lo más, lejano y trabajoso, por obtener lo menos, presente y voladero...

* * *

Cae el crepúsculo. Los olivares se ensombrecen; cobran un tinte oscuro los cuadros de alcacel luciente; resaltan hoscas las tierras de barbechos. Y por la carretera, recta y solitaria, entre las ringlas de olmos desnudos, me encuentro al galgo negro y enjuto, que camina ligero, resignado, con cierto aire de jovialidad melancólica, hacia el poblado triste.

"Antes que la noche viniese —dice el Lazarillo de Tormes— di conmigo en Torrijos." [115] Cuando yo llego, las blancas fachadas de las casas se sumen en la penumbra; brillan sobre el arroyo débiles franjas de luces que arrojan los portales, y por las callejuelas tortuosas, en todo el pueblo, con clamorosa greguería de gruñidos graves, agudos, suplicadores, iracundos, corren los cerdos...

---

cita de Jovellanos se añadió al artículo original tal como apareció en *El Globo*.

[115] Son las últimas palabras del Tratado primero de *Lazarillo de Tormes*.

IX

EN TORRIJOS

La hermosa iglesia de Torrijos la ha fundado una mujer.

Esta buena mujer no quiere ponerse sus trajes suntuosos, pero se los pone por complacer a su marido. Y cuando se los pone se dirige al Señor y le dice: *Tú, Señor, sabes que nunca estos arreos y vestidos me pluguieron.* Y se queda un poco satisfecha, pensando que lo hace por obligación. ¿Qué va a hacer una señora bonita, rica, y que además tiene que presentarse todos los días ante los reyes? Porque su marido es comendador mayor y contador mayor de los Reyes Católicos. Ella se llama doña Teresa Enríquez y él don Gutierre de Cárdenas. Viven con gran atuendo; pero ella hace muchas limosnas, es piadosa, recuerda siempre a su marido que sea escrupuloso en el despacho de los negocios, y sobre todo que los despache pronto. Y don Gutierre la atiende, como es natural, tratándose de quien se trata, pero le choca un poco esta oficiosidad de su mujer. Y muchas veces le dice, "muerto de risa" (según cuentan los historiadores), a la reina doña Isabel: *Señora, suplico a vuestra alteza que me firme este negocio, que traigo quebrada la cabeza de las persuasiones que doña Teresa me ha hecho diciéndome que despache los negocios y que haga limosnas; que en verdad más me predica ella que los predicadores de vuestra alteza.*

¿Hace bien doña Teresa? Sí; indudablemente, hace bien. Y por eso la reina le contesta a don Gutierre, no muerta de risa como él, pero sí sonriendo benévolamente: *Todo es menester, comendador.* Y además de esto, para que cunda el ejemplo, manda que sus damas principales acompañen a doña Teresa en las visitas que todos los viernes y durante la cuaresma hace a los hospitales. ¿Quién podrá decir, aparte de esto, lo que ella hizo en la guerra de Granada? Esta misma pregunta se hacen los historiadores y no aciertan a contestarla; tantas y tales son las cosas excelentes que habría que contar. Además, de su matrimonio ha tenido dos hijos y una hija, y todos los ha educado cristianamente. De los hijos, uno fue duque de Maqueda; el otro, que se llamaba Alonso, murió de una caída de caballo. La hija fue condesa de Miranda. No ha tenido más hijos, porque se ha quedado viuda.

Y ahora que no tiene obligación de ponerse vistosa y elegante, sí que ha soltado la rienda a su modestia. Lo primero que ha hecho es vestirse con un hábito de viuda, es decir, con un manto de paño negro común y unas tocas blancas gruesas. Luego se ha venido a Torrijos y aquí ha vivido recogida durante treinta años. Los años son malos; se han echado encima hambres, crueles carestías, guerras, y doña Teresa ha tenido materia en que ejercitar su virtud. Las tierras que posee son inmensas; dispone de diez cuentos de renta. Pero muchas de las tierras que posee están yermas. ¿Cómo va ella a cultivarlas ahora? ¿Qué sabe ella de esas tracamundanas? Por este motivo ha mandado pregonar que los labradores que quieran venir a romper y beneficiar sus dehesas pueden venir tranquilamente. Y han venido, en efecto, muchos, porque como son tierras nuevas, rinden copia de frutos. Ni en su tiempo ni siglos ainde, yo creo que no serán muchos los que imiten a doña Teresa.

Y no para aquí su magnanimidad, sino que rescata cautivos, proporciona médicos y camas a los pobres, convierte a buen vivir a las mujerzuelas baldías. En Almería y en Maqueda ha fundado algunos conventos; en Torrijos también ha fundado uno; y además un hospital, y además ha mandado construir una iglesia. Sus coetáneos dicen que esta iglesia es un "maravilloso edificio", y las guías modernas confiesan que es "grandioso". Ni unos ni otros se equivocan.

Ya parece que doña Teresa está medio sosegada; ha gastado casi toda su fortuna en buenas obras, y esto da tranquilidad de ánimo. Sin embargo, un día le enteran de que allá, muy lejos, en Roma, "cuando llevan el Sacramento a los enfermos no lo llevan con la reverencia que es razón". ¿Puede pintar su desconsuelo? Doña Teresa cavila y se desazona; ella estaba ya un poco tranquila, y ahora vuelve a sentirse angustiada. ¡No; eso no puede continuar de ese modo! Y decide construir en un templo de Roma una suntuosa capilla, a la cual dota de espléndidos ornamentos para que el Señor sea llevado con decoro.

Y así ha vuelto a sosegarse su espíritu, y ha continuado viviendo silenciosa, pobre, caritativa.

Cuando ha muerto no tenía más que una mísera cama y cincuenta reales. Y ella ha dispuesto en su testamento que todo sea para los pobres. [116]

X

EN TORRIJOS [117]

...Delante de mí, sentado a esta mesa con pegajoso mantel de hule, en el diminuto comedor de paredes rebozadas con cal azul, hay un señor silencioso y grave. Yo lo observo. Su cabeza es enérgica, redonda, fuerte, trasquilada al rape; muestra en su gesto y en sus ademanes como un desdén altivo, como un enojo reprimido hacia esta comida sórdida e indigesta que, poco a poco, con lentitud desesperante, nos van sirviendo. Yo sé que es el presidente del Círculo Industrial de Madrid;

---

[116] Este capítulo es buen ejemplo del uso azoriniano de fuentes librescas.

[117] Otro capítulo que apareció primero en *El Globo* (10-II-1903), firmado "Un Redactor", con el título "Notas sobre la España vieja. La agricultura".

yo le reputo por uno de los hombres más enérgicos y emprendedores de la España laboriosa.

Y su figura, en este ambiente de inercia, de renunciación, de ininteligencia, marca un contraste inevitable entre las dos Españas.

La comida transcurre lenta; son viandas exiguas, mal guisadas, servidas en vajilla desconchada y sucia, sobre el hórrido mantel de hule. Mi compañero suspira, levanta los ojos al cielo, se pasa la mano por la ancha frente como para disipar una pesadilla terrible, cruza los brazos —en las largas esperas de plato a plato— como pidiendo a sí mismo serenidad y calma... Yo intento comer en silencio. ¿Lo consigo? Creo que no.

Por la estrecha ventana veo un patio con el brocal de un pozo desgastado, y en las paredes, empotradas, cuatro o seis columnas con capiteles dóricos.

Llegan los postres. Este silencio tétrico en este casón vetusto —antiguo convento—, después de esta comida intragable, me apesadumbra y enerva.

—¡Qué diferencia —exclamo— entre estos pueblos inactivos de la Meseta y los pueblos rientes y vivos de Levante!

Entonces mi compañero, que ha callado, como yo, durante toda la comida, me mira fijamente, como asombrado de que haya quien hable así en Torrijos, y replica con voz lenta y enérgica:

—¡Como que son dos nacionalidades distintas y antagónicas! Levante es una región que se ha desenvuelto y ha progresado por su propia vitalidad interna, mientras que el Centro permanece inmóvil, rutinario, cerrado al progreso, lo mismo ahora que hace cuatro siglos... Observe usted los detalles de la vida doméstica; vea usted los procedimientos agrícolas; estudie usted las costumbres del pueblo... En todas partes, en todos los momentos, en lo grande y en lo pequeño, las diferencias entre los españoles del Centro y los de las costas saltan a la vista.

Yo soy del Centro, y, sin embargo, lo reconozco sinceramente. El problema catalanista, en el fondo, no

es más que la lucha de un pueblo fuerte y animoso con
otro pueblo débil y pobre, al cual se encuentra unido
por vínculos transitorios...

Hemos callado. Y yo pensaba que todos los esfuerzos
por la generación de un pueblo próspero serán inútiles
mientras estos campos no tengan agua, mientras estas
tierras paniegas no sean abonadas, mientras no desapa-
rezca el sistema de eriazos y barbechos, mientras las
máquinas no realicen pronta y esmeradamente el trabajo de las industrias anexas. [118]

* * *

Y luego, cuando durante toda la tarde he visitado las
almazaras, me he afirmado en mi idea. Nada más
interesante que esta sorda y tenaz lucha de las máquinas
nuevas para vencer la obstinación del labriego y reem-
plazar a los viejos y lentos artefactos. En Torrijos hay
once molinos aceiteros; en ellos existen siete vigas y
cuatro prensas.

Las vigas son unas enormes palancas que, con un
peso a uno de sus extremos, oprimen la pasta de
aceituna molida, colocada en los cofines cerca del otro
extremo, casi en el punto de apoyo. Las vigas están aún
en Torrijos en mayoría; el aceite se extrae como hace
trescientos años.

Observad ahora el litoral: en la región alicantina más
olivarera —Onil, Castalla, Ibi— las prensas de madera y
las vigas hace tiempo que han desaparecido por completo; todas las prensas son de hierro. Y si nos internamos
en España veremos cómo a medida que nos acercamos
al Centro, los viejos artefactos reaparecen, y cómo van
aumentando hasta dominar en absoluto. En algunos
puntos la lucha es empeñada, y los vetustos aparatos
están a punto de ser derrotados por los nuevos. Todo un
curso de civilización y de historia nacional se puede

[118] *anexas:* representa un ligero retoque por Martínez Ruiz; escribió
agrícolas en *El Globo.*

estudiar en estos detalles, al parecer insignificantes.

Una excelente región olivarera es la que se extiende desde Logroño hasta Alfaro, y que comprende los pueblos enclavados a la derecha del Ebro, en una distancia de 10 a 15 kilómetros. Pues bien, en Alfaro, por ejemplo, en sus almazaras existen 14 vigas y 10 prensas de husillo; en Arnedo, 30 y 15, respectivamente; en Nájera, 3 y 2. Los procedimientos viejos dominan a los nuevos; en cambio, Logroño, capital de la región, cuenta con 24 vigas y 35 prensas de husillo, a más de 3 hidráulicas.

Torrijos es del pasado; los procedimientos modernos se han iniciado ya, pero están sojuzgados aún por la rutina. Diez kilómetros más adentro, en Maqueda —que también he visitado—, la rutina es señora absoluta.

Maqueda cuenta con 250 hectáreas de olivares; todas las cosechas del pueblo se muelen en una almazara de una sola viga. Y el aceite extraído es tan ínfimo, que sólo puede ser vendido a las fábricas de jabones.

Cuando se les reprocha discretamente su incuria a estos labriegos, se encogen de hombros y contestan "que así se ha hecho toda la vida".

Poco más o menos es lo que contestan en Torrijos. Los olivares suman 960 hectáreas en todo el término. ¿Cómo es posible que en transformar la cosecha se entretengan desde diciembre hasta últimos de abril? Las vigas trabajan lentamente; una sola viga comprime 12 fanegas diarias de pasta —que aquí llaman *pezón*—; una prensa de hierro, de 30 a 40.

Usando vigas, la extracción del aceite se prolonga doble tiempo que se tardaría con la prensa. Consecuencia de esta dilatación es el fermento que la aceituna sufre en sus trojes, desde febrero, en que se termina de recolectar, hasta mayo en que se tritura la última. Y no es esto sólo; la pasta que comprimen las prensas queda completamente exhausta; la que se retira de las vigas, en cambio, queda con una parte considerable de aceite que no es utilizado.

"Las prensas de hierro —me dicen— se rompen y es preciso gastar dinero en componerlas." Ayer hablaba de un labrador que descuida sus tierras por alquilar sus mulas por *tres* reales diarios; hoy veo a estas gentes que huyen de la compostura de una prensa, y, en cambio, dejan fermentar la aceituna y pierden en la pasta comprimida una parte del jugo.

* * *

Así viven, pobres y miserables, los labradores de la Meseta. El medio hace al hombre. El contraste es irreductible, entre unos y otros moradores de España, mientras el medio no se unifique. Porque no podrán pensar y sentir del mismo modo unos hombres alegres que disponen de aguas para regar sus campos y cultivan intensivamente sus tierras, y tienen comunicaciones fáciles y casas limpias y cómodas, y otros hombres melancólicos que viven en llanuras áridas, sin caminos, sin árboles, sin casas confortables, sin alimentación sana y copiosa...

XI

Vuelvo a Madrid. Yo quisiera decir algo de ese clérigo que he visto en Maqueda, sucesor, a través de los siglos, del buen clérigo del *Lazarillo*. He hecho el viaje por saturarme de estos recuerdos de nuestros clásicos. No basta leerlos; *hay que vivirlos:* contemplar el mismo paisaje que columbraron Cervantes o Lope, posar en los mismos mesones, charlar con los mismos tipos castizos —arrieros e hidalgos—, peregrinar por los mismos llanos polvorientos y por las mismas anfractuosas serranías.

Maqueda es un pueblecillo caduco, con un formidable castillo gualdo, con los restos de una alcazaba y la osamenta de una iglesia arruinada. Desde lo alto del castillo he contemplado el llano inmenso, gris, negruzco, cerrado en la lejanía por una línea azul, surcado, en fulgente meandro, por un riachuelo que corre entre dos estrechas bandas de verdura.

Ya pintaré, cuando esté más descansado, este pueblecillo y este campo. Ahora no tengo tiempo. Voy al periódico; he de ir luego a la Biblioteca... Esto de hacer artículos es terrible: otra vez, después de este breve descanso, he de volver a ser *hombre de todas horas,* como decía Gracián.

Sobre la mesa tengo un montón de periódicos. Siento un leve terror. Les despojo de sus fajas y voy repasándolos lentamente... Y de pronto me pongo un poco pálido y dejo caer de las manos uno de los periódicos. Se trata de *El Pueblo,* de Valencia. ¿Qué dice? Habla de un artículo mío. Y este artículo "es lo más atrevido, rebelde y verdaderamente revolucionario que ha publicado la prensa española, tan tímida y parapoco, hace muchos años".

¡Caramba! —exclamó—. He hecho una atrocidad sin querer. El otro día se conmovió el *Heraldo* por un artículo mío, y ahora este Castrovido [119] dice esas cosas tremendas hablando de otro... ¡Caramba! Yo no me atrevo a salir a la calle, a ir tímidamente al Ateneo, a pedir un libro en la Biblioteca, a entrar en la librería de Fe... ¿Tomaré el tren otra vez? Sí, sí; es preciso que yo coja el tren otra vez.

[119] *Roberto Castrovido y Sanz (n. 1864):* periodista de rama anarquista y gran conocedor de cuestiones sociales. Sus artículos le ocasionaron dos veces encarcelamiento. Colaboró al lado de Martínez Ruiz en *El País, La Campaña, Vida Nueva.* Fue redactor jefe de *El Pueblo* de Valencia.

XII

HACIA INFANTES [120]

... Otra vez me veo entre cristal y cristal, liado en mi capa, el sombrero gacho, sobre las rodillas la manta, la inevitable maleta de cartón al lado. El coche resbala sobre el asfalto; pasamos entre el vaivén mundano, al anochecer, de la Carrera de San Jerónimo. A lo largo del paseo de las Delicias brillan, en la foscura, acá y allá, vacilantes, trémulas, entre el ramaje seco, las luces del gas. Sobre la fábrica de electricidad, a la derecha, se eleva un nimbo blanco del humo en que el resplandor refleja. Y los grandes focos, orlando las líneas de los desnudos árboles, arrojan una pálida claror, difusa, matizada, turbia. [121]

El tren va a partir. Chirrían las carretillas y diablas; suena un campanilleo persistente, largo, apremiante; vocea con voz plañidera un vendedor de periódicos. Y las portezuelas se cierran con estrépito, a intervalos... Es el expreso de Andalucía. Subo a un vagón. Un viejo de larga barba blanca arregla en las redecillas una maleta; un señor embozado en amplia capa parda mira con fúlgidos ojuelos sobre el embozo; en un ángulo frente al viejo, una joven, trajeada con hábito franciscano, permanece inmóvil...

El tren parte. Cruzan los verdes y rojos faros, a lo lejos, en las tinieblas de la noche, una muchedumbre de lucecillas imperceptibles brilla, parpadea, desaparece, surge de nuevo, torna a ocultarse. Y en el cielo hosco,

[120] Este capítulo también se publicó en *El Globo* (24-II-1903) con la firma de José Martínez Ruiz: "La evolución de un pueblo. Hacia Infantes".

[121] Es interesante comparar esta descripción de la ruta a la estación con la del capítulo VII de esta misma parte. Los detalles son los mismos; sólo hay la diferencia en la hora del día; la luz del sol y la matizada por las lámparas de gas.

sobre la gran ciudad, aparece —emanación de los focos eléctricos— como una tenue, difuminada claridad de aurora. en el coche, la mortecina luz de la lamparilla cae sobre los cuadros, rojos, azules, negros, de una manta, resbala sobre la uniformidad parda de la pañosa castellana, se desliza, medrosa, entre las largas y argentadas hebras de la barba del anciano.

Cruzamos vertiginosos ante una estación, y se oye un largo campanilleo, que se pierde rápidamente; luego aparece, desaparece un faro verde. Y las tinieblas tornan impenetrables. La ventanilla está elevada hasta el comedio; por el espacio abierto, en la negrura intensa del cielo, una estrella fulgura, ya blanca, ya azul, ya violeta, ya anaranjada, en rápidos, en vivos, en misteriosos cambiantes.

El tren corre frenético por la llanura infinita de la estepa. El anciano junta su calva, en misterioso cuchicheo, a la cabeza sonriente de la niña.

—San Francisco el Grande —oigo decir al viejo— se parece al panteón que vimos en Roma... al panteón de Humberto.

—Sí, sí —dice la niña—; se parece al panteón de Humberto; pero aquél tiene luz cenital.

El viejo calla un momento; está reflexionando... Y luego corrobora gravemente:

—Sí, sí; es verdad: tiene luz cenital.

Yo intento dormir; no puedo. En el centro del coche, sobre una maleta en pie, que no cabe en las rejillas ocupadas, a modo de velador, he colocado unos periódicos. Tomo uno ilustrado; leo al azar un párrafo:

"El acto realizado por el joven ex ministro de Agricultura ha tenido gran resonancia y debe tener trascendencia."

Dejo el periódico; trato de dormir otra vez; abro de nuevo los ojos, exasperado. En la negrura, la estrella titilea, blanca, violeta, azul, anaranjada; una luz pasa vertiginosa y marca sobre los cristales una encendida estela fugitiva.

Y cuando el tren se detiene de pronto ante una

estación solitaria, oigo, en el profundo reposo de la llanura, el tic-tac del telégrafo, sonoro y presuroso.

* * *

A las dos de la madrugada el destartalado carricoche va rodando, hundiéndose en los hondos relejes, saltando sobre los agudos riscos, por las anchas calles blancas de la ciudad manchega. Corre un viento sutil y helado. Las luces eléctricas difunden una claridad opaca. A un lado y a otro se extienden las fachadas en anchas pinceladas de blanco sucio. La tartana se desliza, interminable, a lo largo de las calles interminables, con un ruidoso traqueteo que repercute en los ámbitos oscuros. Un instante; creo que se detiene. Sí, sí; se ha detenido. El zagal aporrea bárbaramente una puerta.

Transcurre un largo rato; vuelven a sonar los recios golpes; se hace otra larga pausa; es de nuevo la puerta aporreada. Y entonces se percibe en lo hondo una voz que grita: "No, no hay habitación en esta casa."

—¿Sabe usted? —me dice el zagal—. Es que ha llegado una estudiantina, y están todas las fondas ocupadas.

Vuelve a rodar la tartana por las calles desiertas. Se oyen, a lo lejos, dos campanadas largas. Son las dos y media. Otra puerta torna a ser aporreada formidablemente. Tampoco hay habitación en esta casa. Y hay que volver al siniestro paseo por la enorme ciudad solitaria... Las luces brillan mortecinas; un perro aúlla en la lejanía. Y cuando, golpeada la tercera puerta, nos han abierto, yo he bajado de la tartana perplejo y asombrado. Sí, sí que hay habitación. Y esta habitación está allí cerce, a la derecha de la puerta, recayente al patio, al final del zaguanillo de cuadrilongos ladrillos rojizos.

La casa es de dos pisos, enjalbegada de yeso blanco, con rejas coronadas por elegantes cruces de Santiago. El patio está formado por una anchurosa y cuadrada galería, sostenida por ocho columnas dóricas, bordeada por una vetusta barandilla, sombreada por saledizos aleros negros.

Dos de los lados han sido tapiados para formar habitaciones: los otros dos permanecen al descubierto.

Mi cuarto es hondo, lóbrego, estrecho, bajo; las paredes están rebozadas de cal blanca; la puerta, ancha y achaparrada, está compuesta por cuadrados y cuadrilongos cuarterones; en el centro, abierto en talla, entre dos flores de lis campea un escudo; sobre el dintel, una ventanilla aparece cerrada por diminuta reja, formada con una redonda cruz santiaguesa. Dentro hay una silla, un espejo, una microscópica palangana. Y sobre dos banquillos, que sostienen cuatro tablas, un colchón angosto y retesado.

Me acuesto sobre el duro alfamar, apago la luz. Y oigo en la lejanía tres campanadas, que caen lentas, solemnes, y una voz casi imperceptible por la distancia, que grita en un plañido largo: *Ave María Purísima...*

* * *

Las casas de Valdepeñas son blancas y bajas.

De rato en rato, al paso, se columbra por las puertas entreabiertas el patio clásico con las columnas dóricas y el zócalo azul, con el evónimus raquítico y el canapé de enea. Una ancha faja de añil intenso encuadra las portadas; sobresalen adustos los viejos blasones; se destacan las afiligranadas rejas con la blancura de los muros. Y en la calle, empedrada de punzantes guijarros, entre el ángulo de la pared y el piso, el pie de los zócalos rosas o azules, corre una cinta de espesa y alegre hierba verde.

El cielo está radiante, limpio, de un azul pálido. Llegan lejanos sonoros repiqueteos de fragua. El sol refulge en las fachadas. Cantan los gallos. Y de pronto la enorme diligencia parte, con formidable estrépito de herrumbres, en dirección a Infantes, donde expiró Quevedo, hacia "el antiguo y conocido campo de Montiel", por donde Cervantes hizo caminar a Alonso Quijano la vez primera...

XIII

EN INFANTES [122]

Cuando me despierto oigo en la calle, a través de las maderas cerradas, voces, ruido continuo de sonoros pasos, campanadas, trinos de canarios, ladridos de perros. Me levanto; por los cristales veo, enfrente, una ringla de casas bajas enjalbegadas, con las ventanas diminutas, con unos soportales vetustos formados por pilastras de piedra. En una tabla colocada en un balconcillo, a manera de banderola, leo, escrito en gruesas letras: *Parador Nuevo de la Plaza —de Juan el Botero— Paja suelta, agua dulce.* "Cervantes —pienso— dice que la posada del Sevillano, en Toledo, se veía muy concurrida por la abundancia de agua que se hallaba siempre en ella. [123] El agua, en estos pueblos secos, es un señuelo hoy como en los tiempos de Cervantes."

El cielo está límpido, radiante. Salgo. Camino por las blancas calles de altibajos solados con guijarros. De cuando en cuando aparece un caserón enorme, dorado, negruzco, rojizo, con la portalada monumental de sillería. Dos columnas dóricas a cada lado de la puerta sostienen el largo balconaje de ancho saliente; otras dos columnas a una y otra banda del hueco rematan en un clásico frontón triangular con las cornisas de enroscadas volutas. Y a una y otra parte de la fachada, en los grandes paramentos de los muros blancos, resaltan sendos y afiligranados blasones pétreos.

Recorro la maraña de engarabitadas callejas. Las puertas y ventanas de los viejos palacios están cerradas; las maderas se hienden, corcovan y alabean; se deshacen en laminillas los herrajes de los balcones; descónchanse

---

[122] También es artículo de periódico este capítulo: "La evolución de un pueblo. Infantes", *El Globo* (25-II-1903).
[123] Cf. *La ilustre fregona, OC* (Aguilar), p. 928.

los capiteles de las columnas y se aportillan y desnivelan los espaciosos aleros que ensombrecen los muros... Desemboco en una plaza; el sol la baña vívido y confortable; me siento en el roto fuste de una columna. Enfrente se levanta un paredón ruinoso, resto de un antiguo palacio; a la derecha veo las ruinas de una iglesia, con la portada clásica casi intacta, con un arco ojival fino y fuerte, que se destaca en el cielo radiante y deja ver, en la lejanía, entre su delicada membratura, el ramaje seco de un álamo erguido en la llanura inmensa... A la derecha, otra iglesia ruinosa permanece cerrada, silenciosa, y se desmorona lenta e inexorablemente.

Vuelvo a mi peregrinación a través de las calles. Pasan labriegos con sus largas cabazas amarillentas, de cogulla a la espalda; luego, de tarde en tarde, una vieja, vestida de negro, arrugada, seca, pajiza, abre una puerta claveteada con amplios chatones enmohecidos, cruza el umbral, desaparece; una mendiga, con las sayas amarillentas sobre los hombros, exangüe la cara, ribeteados de rojo los ojuelos, se acerca y tiende su mano suplicante. Y a todas horas, por todas las calles, van y vienen viejos, con sus caperuzas y zahones, montados en asnos con cántaros; viejos encorvados, viejos temblorosos, viejos cenceños, viejos que gritan paternalmente a cada sobresalto del borrico:

—¡Jó, buche!... ¡Jó, buche!... [124]

La plaza es ancha. A un lado se extiende una hilada de soportales; al otro se destaca, recia, la iglesia de sillares rojizos, con su fornida y cuadrilátera torre achatada, y enfrente, en la ringla de casas de dos pisos, corta la blanca fachada, de punta a punta, todo a lo largo, un balcón de madera negruzca, sostenido por gruesas ménsulas talladas, y encima, en el piso segundo, se destaca, saltediza, una vetusta galería.

Salgo a la plaza. La calle es recta. A uno y otro lado se alzan los negros caserones con sus rejas gruesas y balcones volados. Y otra iglesia, también ruinosa, tam-

[124] *Jo, buche:* ¡So!, buche (borrico que aún mama).

bién cerrada para siempre, muestra su fachada con medallones y capiteles clásicos... Andando, andando, doy con el campo. La tierra uniforme, desnuda, intensamente roja, se aleja en inmensos cuadros labrados, en manchones verdes de sembradura; un suave altozano cierra el horizonte; una fachada blanca refulge al sol en la remota lejanía.

Camino por las afueras, bordeando los interminables tapiales de tierra apisonada. Un viejo camina con su borrico, cargado con los cántaros, hacia la fuente.

—Buenos días —le grito.

—Dios guarde a usted —me contesta.

Y hablamos.

—¿Hay muchas fuentes en el pueblo?

Él mueve la cabeza, como anunciando que va a hacer una confesión dolorosa. Y luego dice lentamente:

—No hay más que una.

Yo finjo que me asombro.

—¿Cómo? ¿No hay más que una fuente en Infantes?

Y él me mira como reprendiéndome el que haya dudado de su palabra de castellano viejo.

—Una nada más —insiste firmemente. Y después añade con tristeza—: Una y mala; ¡que si fuera buena!...

Llegamos a la fuente. No es fuente. Es decir, la fuente está un poco más allá, en la plaza de las dos iglesias ruinosas y del palacio desplomado; pero como apenas surte agua por sus caños, porque los atanores están embrozados, se ha hecho una sangría en ellos más cerca al nacimiento, y a ella vienen a llenar sus vasijas los buenos viejos. El agua cae en una fosa cavada en tierra; luego desborda y se aleja por las calles abajo formando charcos y remansos de légamo verdoso... En el siglo XVI había en Infantes tres fuentes: la de la Moraleja, la de la Muela y esta otra de la ancha plaza. [125] Los caserones

---

[125] Información sacada de las *Relaciones topográficas de los pueblos de España hechas por iniciativa de Felipe II*, 1575-1578 (8 tomos pertenecientes a las provincias de Madrid, Toledo, Guadalajara, Cuenca, Ciudad Real, Cáceres y Badajoz). Más tarde en este capítulo se intensificará

solariegos están abandonados; las iglesias se han venido
a tierra, y las fuentes, en esta decadencia abrumadora, se
han cegado y han desaparecido...

El viejo llena sus cántaros en el menguado caño.

—¿A cómo venden ustedes el agua? —le pregunto.

—A *patacón* la carga —me contesta.

—A diez céntimos —dice otro viejo.

Y entonces el viejo a quien yo he preguntado mueve
la cabeza con su gesto característico y replica filosóficamente:

—Lo mismo da *patacón* que diez céntimos.

Cantan a lo lejos los gallos. De pronto vibra en los
aires una campanada, larga, suave, grave, sonora, melo-
diosa; y luego, al cabo de un momento, espaciada, otra,
y después otra, otra, otra...

—Esto es la agonía —dice un viejo.

Y el anciano torna a mover la cabeza y exclama:

—La agonía de la muerte...

Y sus palabras, lentas, tristes, en este pueblo sin agua,
sin árboles, con las puertas y las ventanas cerradas,
ruinoso, vetusto, parecen una sentencia irremediable.

* * *

He visto la casa en que, viejo, perseguido, amargado,
expiró Quevedo. Hoy, ésta y la casa contigua forman
una sola; pero aún se ven claras trazas de la antigua
vivienda y aún perdura íntegro el cuarto donde se
despidió del mundo el autor de los *Sueños*... La casa era
pequeña, de dos pisos, sencilla, casi mezquina, sin
requilorios arquitectónicos. Tenía una puertecilla angos-

---

la dependencia del autor de esta fuente histórica para evocar el pasado
de los pueblos castellanos. También empleó las *Relaciones topográficas*
en la elaboración de otras obras suyas: *El alma castellana, La ruta de
Don Quijote, Un pueblecito,* etc. Como nos dice el mismo Martínez Ruiz,
en 1903 estaba todavía inédita, pudiéndose consultar (en el manuscrito
original) en la Biblioteca de El Escorial y en una copia del manuscrito en
la Biblioteca de la Academia de la Historia.

ta, todavía marcada en el muro; por esta puerta se entraba a un zaguán, que más bien era pasadizo estrecho, de apenas dos metros de anchura y ocho o diez de largaria, por el que discurre, soterrado, un arbellón que conduce las aguas llovedizas desde el patio a la calle. El patio —aún subsistente— es pequeño, empedrado de guijos, con cuatro columnas dóricas, con una galería guarnecida con barandado de madera.

A la izquierda, conforme se entra en la casa, cerca de la puerta de la calle, se abre otra puerta chica. Y esta puerta franquea una reducida estancia, cuadrada, de paredes lisas, húmeda, de techo bajo, con una diminuta ventana.

Y una vieja, una de esas viejas de pueblo, vestida de negro, recogida, apañada, limpia, la cara rugosa y amarilla, me ha dicho:

—Aquí, aquí en este cuartito es donde dicen que murió Quevedo...

* * *

¿Cómo este pueblo, rico, próspero, fuerte en otros tiempos, ha llegado en los modernos al aniquilamiento y la ruina? Yo lo diré. Su historia es la Historia de España entera a través de la decadencia austriaca.

Infantes, en 1575, lo componían 1.000 casas; hoy lo componen 870. "Yo no recuerdo haber visto en treinta años —me dice un viejo— labrar una casa en Infantes." Contaba el pueblo en 1575 con 1.300 vecinos: 1.000 eran cristianos viejos; los otros 300 eran moriscos. Era un pueblo nuevo, aristócrata, enérgico, poderoso, espléndido. "Nunca fue mayor —dicen las *Relaciones topográficas,* inéditas, ordenadas por Felipe II—; nunca fue mayor; siempre ha ido en aumento y va creciendo." En sus casas flamantes, de espaciosos salones, de claros y elegantes patios acolumnados, habitaban cuarenta hidalgos. Y este pueblo era como la capital del "antiguo y conocido campo de Montiel", que abarcaba veintidós

pueblos, desde Montiel hasta Alcubillas, desde Villa-
manrique hasta Castellar.

Y en esta centralización aristocrática y administrativa
ha encontrado Infantes su ruina. Los hidalgos no se
ocupan en los viles menesteres prosaicos. Tienen sus
tierras lejos; hoy Infantes carece de población rural;
entonces tampoco la tenía. Las clases directoras poseían
sus haciendas en término de la Alhambra. Contaba
entonces la Alhambra con una población densa de
caseríos y granjas. Todavía en el siglo XVIII, según el
censo de 1785, ordenado por Floridablanca, eran *veinti-
cuatro* las granjas situadas dentro de los aledaños de la
Alhambra. Y en 1575 existían en sus dominios las aldeas
de Laserna, con 15 ó 16 casas; la Nava, con 15; el
Cellizo, con 10; Pozo de la Cabra, con 15; La Moraleja,
con 12; Santa María de las Flores, con 12; Chozas del
Águila, con 8...

¿Cómo era posible que teniendo los señores lejos sus
tierras las cultivasen con el amor y la atención con que,
en el caso de verse libre de sus prejuicios antieconómi-
cos, las hubiesen cultivado bajo su inmediata dependencia?

Tenían el eterno mayordomo, que aún perdura en las
Castillas, y en Albacete, y en Murcia; pasaban por alto
las trabacuentas y gatuperios del delegado; necesitaban
dinero para su vida fastuosa y lo pedían a todo evento.
Y la ruina llegaba inexorable.

Infantes, como tantos otros pueblos del Centro, se
arruinó rápidamente en dos siglos.

Ya este sistema de explotar la tierra sin contribuir a
fortalecerla, canalizando ríos, regalándola abonos, conduce derechamente al agotamiento, sin remedio. Juntad
ahora a esta decadencia de la agricultura la decadencia
de la ganadería. Siempre —y éste es un mal gravísimo—
han andado en España dispares y antagónicas la agricultura y la ganadería. Esta separación ha contribuido a
concentrar en pocas manos la riqueza pecuaria; ha
impedido su difusión y crecimiento; ha dificultado la
cultura, en cada región, de las especies más convenien-

tes; ha privado, en fin, de los aprovechamientos de los ganados al beneficio de los campos.

Una y otra cultura, la de la tierra y la de la ganadería, se han hostilizado durante siglos; una y otra se han arruinado y han traído aparejada en su ruina la ruina de España. La de la tierra, por falta de agua (Infantes, entre 14.000 hectáreas, tiene 6 de regadío constante) y por la estatificación de los procedimientos de cultivo; la de la ganadería, por el cambio radicalísimo de la propiedad adehesada, producido por la desvinculación y desamortización, por la roturación de los pastos, por el cegamiento de veredas, cordeles y cañadas, y por la baja del Arancel en lo referente a importación de lanas extranjeras.

Hemos de sumar aún a estas causas y concausas de abatimiento las continuas y formidables plagas de langosta, que, desde hace siglos, caen sobre estas campiñas, como las de 1754, 55, 56 y 57, de que habla Bowles en su *Introducción a la geografía física de España*. [126] Hoy la langosta es la obsesión abrumadora de los labradores manchegos. "Más que de los tiempos de llover o no llover —he oído decir a un labriego esta mañana en la plaza—, me acuerdo de la langosta."

Añadamos también las poderosas trabas de la amortización, tanto civil como eclesiástica. La amortización acumula en escasas manos la propiedad territorial; se paraliza el comercio de las tierras fragmentadas —que no existen—; la dificultad de adquirir la tierra encarece su precio; las inmensas extensiones conglomeradas imposibilitan el cultivo intensivo, matan la población rural y ponen rémora incontrastable a las obras de irrigación y de labranza. [127]

---

[126] *William Bowles (m. 1780 en Madrid):* naturalista inglés que, a invitación del Gobierno español, se trasladó a España para estudiar el estado de la riqueza natural e industrial de la nación. Publicó en español varios informes sobre España, entre ellos *Introducción a la Historia Natural y a la Geografía Física de España* (Madrid, 1775 y 1782). La alusión parentética a la obra de Bowles fue agregada por Martínez Ruiz al incluir el artículo en *Antonio Azorín*.

[127] Párrafo añadido al artículo publicado en *El Globo*.

Y cuando hayamos ensamblado y considerado todos estos motivos de ruina que han convergido sobre este pueblo, como sobre infinidad de tantos otros, todavía habremos de juntar a ellos, como calamidad suprema, otra poderosísima que inaugura la Casa de Austria, con Felipe II, y persevera con intensidad ascensional hasta estos tiempos. Hablo de la burocracia y del expediente.

En Infantes viven y brujulean al finalizar el siglo XVI los siguientes funcionarios políticos y judiciales: el vicario mayor de Montiel, otro vicario, un notario, un alguacil fiscal, un gobernador, un teniente del gobernador, un alguacil mayor, un escribano de gobernación, un alcaide de la Cárcel, diecisiete regidores, un fiel ejecutor, un depositario general, un mayordomo y procurador del Concejo, un escribano del Concejo... El vicario no tiene sueldo fijo, pero cobra el aprovechamiento de los derechos de su judicatura, y para que sean crecidos y suculentos sabrá ingeniarse sagazmente; el gobernador percibe 200.000 maravedís, y de ellos da 20.000 a su teniente; además, el gobernador "tiene, de los maravedís que en nombre de Su Majestad se ejecutan, ciento y cincuenta maravedís cuando la cantidad llega a cinco mil maravedís, y no más aunque pase, y de allí abajo, a real de plata"; y es preciso reconocer que el señor gobernador —ni más ni menos que los gobernadores de ahora en otros órdenes— hallará trazas para que los maravedís ejecutados lleguen siempre, caiga el que caiga, a los cinco mil codiciados.

Falta, para dejar completa la plantilla, consignar que el alcaide de Cárcel cobra maravedís 12.000, que el fiel ejecutor disfruta de un sueldo de 6.000, y que cada regidor —y no olvidemos que son diecisiete— percibe por sus respectivas barbas 600.

Infantes y los pueblos comarcanos son pobres; no tienen agua; no hay en ellos rastro de huerta; no cultivan frutales; la cultura del grano se hace a dos y tres hojas. ¿Cómo con esta pobreza pudiera mantenerse tan complicada y costosa máquina administrativa? No es posible; apenas si durante un siglo alienta. El creciente desarrollo que los vecinos notan en su contestación al Cuestionario de Felipe II se detiene al promediar el siglo XVII; y luego, cuando, al final, la miseria cunde por toda España, Infantes se doblega; las nobles familias se arruinan; se cierran los grandes caserones; desaparecen hidalgos y burócratas. Y en este ambiente de abatimiento, de abstinencia, de ruina, el espíritu castellano, siempre propenso a la tristura, acaba de recogerse sobre sí mismo en hosquedad terrible.

"No hay arboleda ninguna en estas huertas ni en la villa —declaran en 1575 los vecinos—, porque no se dan a ello; *antes cortan los árboles que hay, porque son poco inclinados a ello.*" "Las casas —dicen en otra parte— son bajas, sin luceros ni ventanas a la calle."

* * *

El odio al árbol y el odio a la luz... Aquí, en la ancha cocina de la posada, esta noche, al cabo de tres siglos, un viejo me dice:

—En este pueblo las casas tienen las ventanas y las puertas cerradas siempre. Yo no recuerdo haber visto algunas nunca abiertas; los señores salen y entran por las puertas de servicio, a cencerros tapados. Es un carácter huraño el de las clases pudientes; una honda división las separa del pueblo. Y los señores, cuando dan las ocho de la noche, si quieren salir de casa, han de hacerse acompañar de dependientes y criados...

Suena una larga campanada grave, melódica, sonora, pausada. Luego rasga los aires otra, después otra, después otra... Yo pienso en las palabras del viejo, esta mañana, junto al caño del agua:

—Ésta es la agonía; es la agonía de la muerte...

Y cuando he salido a la calle y he peregrinado entre las tinieblas, en la noche silenciosa, a lo largo de los vetustos palacios, al ras de las enormes rejas saledizas, que tantos suspiros recogieron, he sentido una grande, una profunda, una abrumadora ternura hacia este pueblo muerto.

XIV

EN INFANTES

Salgo, después de comer, a las afueras del pueblo; me recuesto al pie de un largo bardal. Delante tengo la inmensa llanura de roja arena que se pierde en el silencio con suaves ondulaciones. El cielo es azul; un vaho tibio asciende de la tierra.

Leo un periódico: habla del clericalismo de España. Parece ser que una simple decisión del gobierno acabará con él... Los políticos y los periodistas —y ésta es la raíz de nuestras desventuras— ven bárbaramente las cosas en abstracto. Y hay que considerarlas vivas, palpitantes, latentes, indivisas de la realidad inexorable.

* * *

...Durante todo el mes —consagrado cada uno a un santo—, durante todo el año, las novenas suceden a las novenas: la de Ánimas, la de la Purísima, la del Niño Jesús, la de San Antonio, la de San José, la de los Dolores. Se celebran trisagios; se cantan rogativas; pasan por las calles largas procesiones de penitentes, Cristos lacios y sanguinosos. Vírgenes con espadas de plata; las campanas plañen por la mañana, a mediodía, por la noche; brillan misteriosas las luces en las naves sombrías; entran, salen, discurren por las calles devotas con mantillas negras, hombres con capas amplias, que se quejan, que sollozan, que hablan de angustias, que piensan en la muerte. Y la idea de la muerte, eterna, inexorable, domina en estos pueblos españoles, con sus novenas y sus tañidos fúnebres, con sus caserones, destartalados y su ir y venir de devotas enlutadas.

España es un país católico. El catolicismo ha conformado nuestro espíritu. Es pobre nuestro suelo (yermos están los campos por falta de cultivo); el pueblo apenas come; se vive en una ansiedad perdurable; se ve en esta angustia cómo van partiendo uno a uno de la vida los seres queridos; se piensa en un mañana tan doloroso como hoy y como ayer. Y todos estos dolores, todos estos anhelos, estos suspiros, estos sollozos, estos gestos de resignación van formando en los sombríos pueblos, sin agua, sin árboles, sin fácil acceso, un ambiente de postración, de fatiga ingénita, de renunciamiento heredado a la vida fuerte, batalladora y fecunda.

Así nacen y se van perpetuando en un catolicismo hosco, agresivo, intolerante, generaciones y generaciones de españoles. En un pueblo así, ¿cómo es posible realizar desde la *Gaceta* un cambio tan radical como el que supone el asunto, hoy estudiado por el gobierno, de las Congregaciones? No lo ocultamos, porque somos liberales sinceros: la entraña de un país no puede renovarse de un día para otro con un simple real decreto. En 1823 existían en España 16.310 religiosos. ¿Qué se había hecho de la enorme copia de ellos que existía en el siglo XVIII? ¿Es que habían desaparecido por los naturales progresos del país? No; las represiones políticas consiguieron extirparlos momentáneamente.

Era un resultado violento; España no había cambiado; seguía siendo tan católica y tan clerical como antes. Y así, de 1823 a 1830, en que una reacción lógica volvió a dejar libre el alma nacional, los conventos se multiplicaron de un modo estupendo. En 1823 los religiosos son 16.310; en 1830 ascienden a 61.727.[128]

¿Hemos cambiado algo de entonces a la fecha? Hemos cambiado en frágiles apariencias; la entraña de nuestro pueblo es la misma. No basta disponer que se reduzca el número de las Órdenes y Congregaciones; ya se pensó en esto (con más valentía que ahora) en el siglo XVII. No basta que lo dispongan o finjan disponerlo los

---

[128] Los datos de este párrafo y el anterior sobre los conventos y los eclesiásticos vienen de la lectura por Martínez Ruiz del libro *La España bajo el poder arbitrario de la Congregación apostólica, o apuntes documentados para la historia de este país desde 1820 a 1833*, París, 1833 (cf. *Azorín*, "Frailes y monjas", *España* (14-X-1904).

políticos —que son casi todos los políticos españoles—
a quienes conocemos por católicos (vehementes o discre-
tos), y en cuyas familias arreglan los negocios y las
conciencias diligentísimos y avisados diplomáticos del
catolicismo.

Es preciso algo más hondo y más eficaz: es preciso
llevar al pueblo la seguridad de una vida sana y
placentera. Un pueblo pobre es un pueblo de esclavos.
No puede haber independencia ni fortaleza de espíritu
en quien se siente agobiado por la miseria del medio. En
regiones como Castilla, como la Mancha, sin agua, sin
caminos, sin árboles, sin libros, sin periódicos, sin casas
confortables, ¿cómo va a entrar el espíritu moderno?
¿Somos tan ingenuos que creamos que lo va a llevar un
día u otro la *Gaceta oficial*? [129]

El labriego, el artesano, el pequeño propietario, que
pierden sus cosechas o las perciben escasas tras largas
penalidades; que viven en casas pobres y visten astrosa-
mente, sienten sus espíritus doloridos y se entregan
—por instinto, por herencia— a estos consuelos de la
resignación, de los rezos, de los sollozos, de las novenas,
que durante todo el mes, durante todo el año se suceden
en las iglesias sombrías, mientras las campanas plañen
abrumadoras.

Y habría que decirles que la vida no es resignación,
no es tristeza, no es dolor, sino que es goce fuerte y
fecundo; goce espontáneo, de la Naturaleza, del arte, del
agua, de los árboles, del cielo azul, de las casas limpias,
de los trajes elegantes, de los muebles cómodos... Y para
demostrárselo habría que darles estas cosas.

---

[129] Desde 1902, se había debatido en las Cortes la necesidad de
someter las órdenes religiosas a la Ley de Asociación. Los republicanos
y otros políticos liberales (Canalejas, Lerroux, Romanones, etc.) temían,
con la vuelta de los religiosos de Cuba, Filipinas, etc., y con la abolición
de las órdenes en Francia, que fuera a aumentar la influencia de la
Iglesia. La actitud expresada por Martínez Ruiz en este capítulo no
representa necesariamente un cambio en su postura anticlerical, sino que
más bien opina que el progreso económico, seriamente planteado,
serviría de forma más inmediata a la situación atrasada de Castilla.

XV

Cuando llego a Madrid está cayendo un agua menudita, cernida, persistente. Son las ocho. El cielo está sombrío. Entro en mi cuarto, sin aliento, fatigado. Dejo la capa y el sombrero. Voy a acostarme un rato. Y al ir a entornar las maderas del balcón veo sobre la mesa un papel azul. Un papel azul doblado y cerrado no puede ser más que un telegrama. Yo alargo la mano. A veces, cuando me traen un papel azul, a pesar de haber abierto tantos en las redacciones, siento que resurge en mí la superstición del provinciano. En los pueblos no se reciben telegramas sino para anunciar una desgracia; se conmociona toda la familia; el que lo abre calla y se pone un poco pálido; sus manos tiemblan; todos miran ansiosos... Yo he sentido un tilde de esta ansia cuando he visto, en esta mañana gris, cansado, soñoliento, un telegrama. ¿Qué voy a leer en él? ¿Qué nueva vía desconocida va a abrir en mi vida? Y he alargado la mano perplejo, temeroso. ¡Y no era nada! Es decir, sí que era algo; pero era algo grato, era algo jovial y sano. He aquí lo que decía el telegrama:

"Llego mañana en el correo."

Verdaderamente, esto no traspasa los límites de una frase vulgar; pudiéramos decir que no sugiere nada agradable. ¡Pero es que este telegrama lo firma Sarrió! ¿Sarrió va a llegar mañana en el correo? Esta mañana, ¿cuándo es? Examino la fecha. ¡Este telegrama está puesto hace dos días! ¡Sarrió está en Madrid! Aquí no tendría que poner un sólo signo admirativo, sino seis u ocho. ¡Sarrió ha llegado a Madrid sin que yo bajase a la estación a recibirle! Y se pasea por estas calles sin que yo le acompañe. Y tal vez haya comido en Lhardy solo, triste, sin que hayamos podido tener un rato de amena plática ante las viandas exquisitas... Esto es, en realidad, tremendo; ya no tengo sueño. ¿Cómo voy a dormir estando Sarrió en Madrid? Me voy a la calle; creo que mi deber me impone el visitarlo. Pero ¿dónde vive

Sarrió? ¿Cómo encontrarlo? He preguntado en seis u ocho fondas; he entrado en los restaurantes; me he asomado a los cafés; paso y repaso por casa de Botín; permanezco largos ratos parado en el escaparate de Tournié. Y no lo encuentro. Una vez he creído reconocerlo. Era un señor grueso que salía cargado con unos paquetes de un ultramarinos; yo lo he visto por la espalda; llevaba un sombrero puntiagudo y el cuello del gabán levantado. Éste es Sarrió —he dicho—; ese sombrero no lo tiene nadie más que Sarrió; el llevar el cuello levantado significa que, como viene del mediodía, tiene frío. Todo esto lo he pensado rápidamente; al mismo tiempo que lo pensaba le ponía la mano en el hombro al señor grueso, y gritaba:

—¡Sarrió!

Y entonces el hombre gordo ha vuelto la cara, una cara con ojos pequeños y ribeteados de rojo, y he visto tristemente que no era Sarrió. ¿Dónde vivirá? ¿Dónde comerá? Vuelvo a pasar por casa de Botín; vuelvo a pasarme frente a la vitrina de Lhardy. ¡Y no lo veo!

Y como ya es de noche y me siento fatigado por el precipitado trajín, por el viaje, por el cansancio, me retiro a casa con ánimo de acostarme.

XVI

Sin embargo, no parece bien que estando Sarrió en Madrid yo me acueste tranquilamente sin haberle visto.

Por lo tanto, no me acuesto. Es posible —me digo— que vaya al teatro esta noche.

¿A qué teatro?

¿A un teatro honesto o a un teatro levantisco? Esto último no lo debiera haber pensado: es casi un insulto al buen Sarrió. Si él va al teatro, seguramente será al Español, a la Comedia, tal vez al Real. Entre estos tres, ¿por cuál me decido? Yo creo recordar que a Sarrió le gustaban los versos; yo a veces le declamaba algunos y él me decía que eran muy bonitos. Estos gustos estéticos le habrán inclinado a ir al Español; además, en los pueblos hay una marcada preferencia por los dramas en verso. Las compañías de cómicos que llegan se dividen en *compañías de verso* y *compañías de canto.* Claro está que los hombres graves prefieren la de verso, y como Sarrió es un hombre grave, habrá indudablemente ido al Español. Yo también voy. Y mientras voy pienso todas estas cosas y me dedico un aplauso por mis dotes de lógico y filósofo.

Llego al Español cuando están a mitad de un acto. No sé si entrar en la sala o permanecer en el vestíbulo hasta que acaben.

Me decido por entrar; procuro no molestar con el ruido de mis pasos. Al sentarme suena una larga salva de aplausos. Yo miro al escenario y también aplaudo.

No sé por qué se aplaude; pero, en fin, aplaudo. ¿Cómo negarme a ello, cuando a mi derecha y a mi izquierda veo las manos batir entusiasmadas? Sobre todo a mi izquierda. ¿Quién será éste que aplaude con tal saña? Me vuelvo, le miro a la cara. ¡Y es Sarrió! Sarrió que mira también y me reconoce. Y entonces se levanta; yo también me levanto. Y me da un fuerte abrazo, mientras grita:

—¡Lo mismo que don Luis María Pastor!

—¡Sí, sí —exclamo yo—, lo mismo que don Luis María Pastor!

Y en la sala del Español se ha producido un escándalo enorme. En los palcos, en las butacas, en el paraíso protestaban ruidosamente de nuestra expansión; la representación se ha interrumpido, y hemos tenido que marcharnos avergonzados, mohínos, cabizbajos.

XVII

¿Cómo había yo de reconocer a Sarrió, si se ha comprado otro sombrero? Este sombrero es perfectamente semiesférico. Pero Sarrió está disgustado con este sombrero. Creo que acabará por retirarlo y volverse a poner el otro; ésta es mi impresión.

Esta tarde hemos estado paseando por la Castellana, al anochecer, para descansar un poco, hemos entrado en la Mallorquina. Sarrió y yo opinamos que en Madrid no hay un sitio más ameno que la Mallorquina. Aquí estábamos tomando un pequeño refrigerio, cuando a mí se me ha ocurrido repasar un periódico; mis malas costumbres no pueden abandonarme. Y como lo más entretenido —y lo más instructivo— de un periódico son los *sucesos,* yo, naturalmente, he echado la vista sobre ellos. Mejor hubiera sido que no la hubiese echado. He aquí lo que mis ojos han leído:

"UN CHUSCO:

"Anoche, en el teatro Español, un chusco trató de dar una broma a nuestro distinguido compañero en la prensa don Antonio Azorín. Representábase el segundo acto de *Reinar después de morir,* cuando de una de las butacas, situadas junto a la que ocupaba el señor Azorín, se levantó un sujeto y le abrazó, lanzando fuertes exclamaciones. Excusamos decir la algazara que con tal motivo se promovió en la elegante sala del Español. El señor Azorín y el individuo bromista tuvieron que abandonar el teatro entre las protestas de los espectadores."

Y Azorín, que le ha leído a Sarrió este suelto, ha dicho tristemente:

—Ésta es, querido Sarrió, la manera que tienen los hombres de escribir sus historias. Creemos saberlo todo y no sabemos nada. Nuestras imaginaciones caprichosas es lo que nosotros reputamos por axiomas infalibles. Y así la mentira pasa por verdad, y la iniquidad es justicia. El tiempo y la distancia lo borran y trastruecan todo. No sabemos lo que pasa a nuestro lado: ¿cómo saber lo que ha pasado en tiempos remotos y lo que ocurre en luengas tierras?

Seamos sencillos: declaremos modestamente nuestra incompetencia. Y más valdrá, entre juzgar a los hombres y echar el peso de nuestro voto a una y otra banda, no echarlo a ninguna, y no juzgar a nadie ni ser juzgado.

XVIII

Vuelvo de la estación de Atocha de despedir a Sarrió. Si alguna vez yo tuviera tiempo, escribiría un libro titulado *Sarrió en Madrid.* Pero no lo tendré: un mazo de cuartillas me espera sobre la mesa; he de leer una porción de libros, he de ojear mil periódicos...

Me siento ante la mesa. El recuerdo de Sarrió acude a mi cerebro: nos hemos abrazado estrechamente.

—Sarrió, ¿ya no nos volveremos a ver más?

—Sí, Azorín; ya no nos volveremos a ver más.

Ha silbado la locomotora. Y a lo lejos, cuando se perdía el tren en la penumbra de los grandes focos eléctricos, Sarrió, asomado a la ventanilla, agitaba un antiguo sombrero cónico. [130]

Me paso la mano por la frente como para disipar estos recuerdos. Es preciso volver a urdir estos artículos terribles todos los días, inexorablemente; es preciso ser el eterno *hombre de todas horas,* en perpetua renovación, siempre nuevo, siempre culto, siempre ameno.

---

[130] Los detalles de la descripción de la despedida de Sarrió son los mismos que emplea Martínez Ruiz en la marcha de Antonio Azorín de Petrel en el último capítulo de la segunda parte.

Arreglo las cuartillas, mojo la pluma. Y comienzo...

FIN

2 de mayo de 1903

ÍNDICE DE LÁMINAS*

* Agradecemos a la Casa-Museo de *Azorín*, Fundación Cultural de la Caja de Ahorros del Mediterráneo, Monóvar (Alicante), la documentación gráfica cedida para la presente edición.

ESTE LIBRO
SE TERMINÓ DE IMPRIMIR
EL DÍA 24 DE SEPTIEMBRE DE 1992

clásicos Castalia

ÚLTIMOS TÍTULOS PUBLICADOS